把人生翻個倍

從留級生到大學教授

許良榮 著

五南圖書出版公司 印行

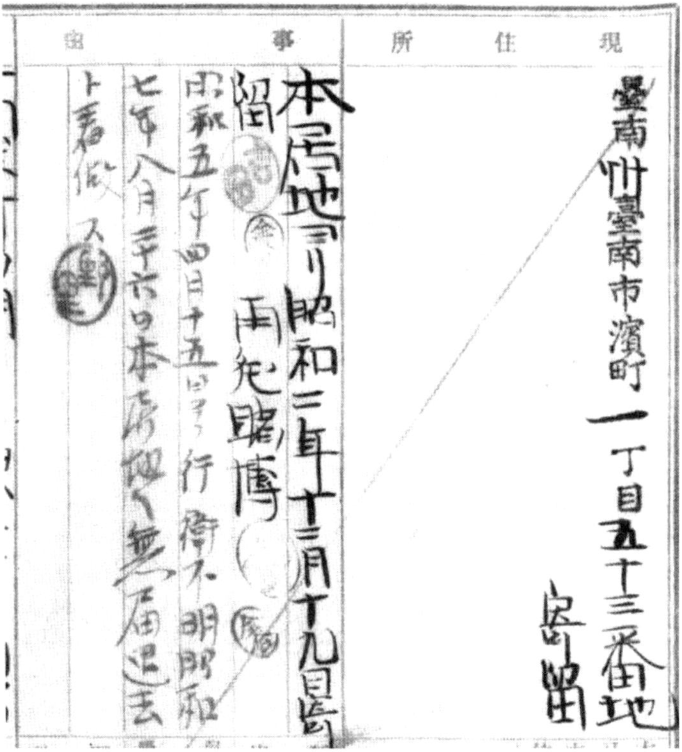
現住所
臺南州臺南市濱町一丁目五十三番地
寄留
事由
本居地ヨリ昭和二年十二月十九日寄留
再犯賭博
昭和五年四月十五日ヨリ行衛不明昭和七年八月二十六日本居地ヘ無届退去
ト看做ス

▲日治時期戶籍謄本，昭和二年（民國十六年）祖父被登記「再犯賭博」

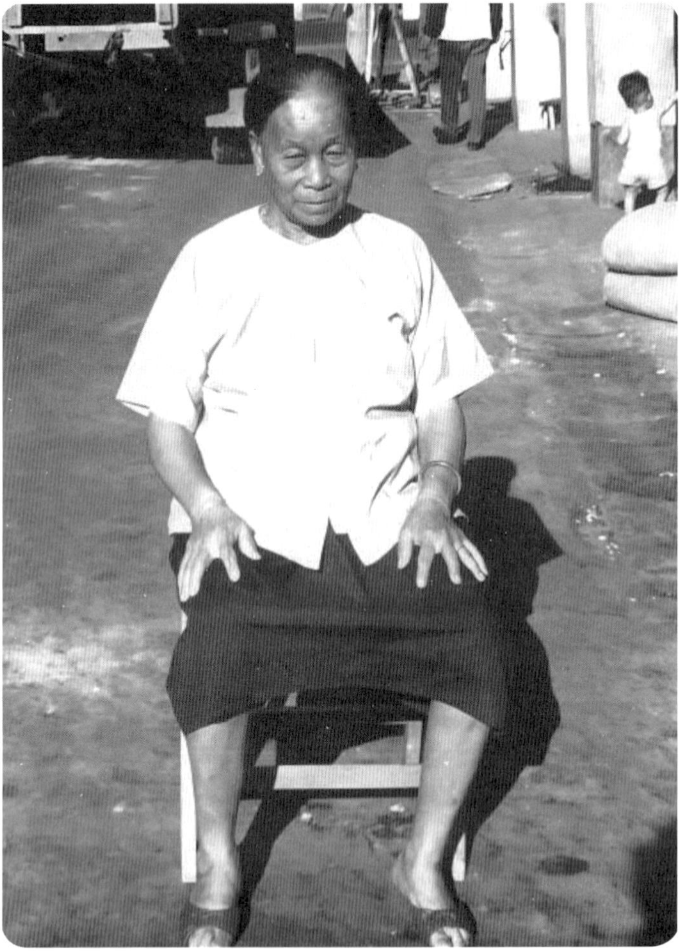

▲ 祖母七十歲生日（民國五十九年）

▲ 父親與母親的結婚照，婚紗與西服是租借的，與背後的簡陋房舍形成強烈對比（民國四十年）

▲ 我與三位姊姊，妹妹還太小沒有入鏡（民國四十九年）

▲ 父親經營的撞球間（民國五十年）

▲ 父親、大姊與雜貨店（民國五十五年）

自序

我擁有博士學位，是國立大學教授，也當過系主任，曾出版過六本書、得過金鼎獎，聽起來蠻像一回事的，但是沒有多少人知道我高中曾經留級、大學又重考；而小學到大學，也不是名列前茅、拿獎狀、認眞讀書的「好學生」；反而是缺乏信心、曾經逃學、上課常打瞌睡、對課業提不起興趣、讓父母擔心、不成材的孩子。

我的求學過程是「怪異」，距離優秀或突出，相差好大一段距離。回想起來，眞正「用功讀書」，只有重考大學那一年。而眞正把心思放在「正途」，努力想要超越別人，則是在碩士班與博士班的階段。

能夠掙脫留級、重考的陰影，進而肯定自己，由小學到大學，主要是父母一直提供我機會，沒有放棄我；而碩士班以後，則來自於老婆的支持與肯定。我很幸運，擁有從不放棄我的家人，讓我去除某些天生的劣根性，成年後又找到了自己的方向，也擁有熱愛的工作和家庭。

我很幸運能夠多次獲得努力的機緣，願讀者和我一樣，在生涯中也能獲得家人的支持與命運之神的眷顧。

最後，感謝五南圖書出版公司十多年來的支持，並提供出色的編輯，將我的文字轉化為一本本精緻的圖書！

——謹以本書獻給我的祖母、父母親

目次

參　職場生涯……79

壹

根源

一　澎湖女孩

民國前十一年～民國十六年

在跨海大橋建立之前，澎湖縣西嶼鄉就像一座孤島，幾乎杳無人跡。在明朝永曆年間，住在金門一帶的居民爲了躲避兵災，駕著小船逃到西嶼鄉東北角，發現一處海水如鏡的港灣，在地勢較低窪的地方則有竹林叢生，有如世外桃源，因此取名爲「竹篙灣」（「竹篙」爲閩南語，意爲「竹竿」），港灣的位置在經過跨海大橋之後約二公里的南邊。定居在竹篙灣的居民，主要以捕魚、種地瓜、花生爲生。

多年之後，有一戶蔡姓人家，靠一台小漁船在竹篙灣與台灣之間運送物資買賣，家道頗爲殷實。民國前十一年（清光緒二十七年），蔡家的許姓媳婦生了一個小女娃，蔡家憂喜參半。喜的是已經有了兒子，再添一個女兒，龍鳳俱備；憂的是蔡家媳婦生了兒子之後，已經連續夭折了四個娃兒，不曉得這個小女娃是否能順利保住？求神問卜之後，有人認爲蔡家媳婦的親哥哥有三個兒子，雖然許家的家境較爲貧困，但是個個健碩如小牛。如果讓小女娃食用許家的米糠，意思就是將小女娃認定是許家的人，或許就可以和許家的兒子一樣健康。

既然把小女娃當成許家的人，長大成人之後，就要嫁到許家。表親聯婚在當時是很普遍的現象，不足爲奇，蔡家和許家都同意了。於是許家拿了一瓢水、一杯米糠以及一件衣服送到蔡家，完成了沒有寫成書面契約的簡單儀式。從此小女娃已經成了許家的童養媳，只是還沒有過門，小女娃留在蔡家撫養，等到及笄之年再辦理婚嫁。

小女娃果然健康順利的成長，到了十八歲出落得標緻出眾，每隔幾天就有媒人到蔡家提親，幾乎踏平了蔡家的門檻。但是女孩的母親堅守對許家的承諾，不肯答應其他人家的媒妁之言，要女兒從許家五個兒子中挑選一個當爲夫婿。女孩百般不願，因爲年齡最適合的是相同年齡的老三，其他四個年齡差距太大，但是老三是鄰里皆知的浪蕩子，女孩不喜歡、又厭惡這個老三。

婚事拖了二年之後，在民國九年，女孩的母親堅持信守承諾，硬是將二十歲的女兒送上花轎，抬到了許家。結婚當天，倔強的女孩沒有進入洞房，獨自睡在洞房外的長板凳上，雖然睡得不安穩，女孩就是不願意圓房。面對這橫眉豎眼的女孩，新郎也不敢強來，一連好幾天女孩都獨自睡在房門外面。最後，母親登門苦勸女孩認命，加上女孩的公公拿柴刀把女孩睡的長板凳劈了，新郎又低聲下氣哀求，女孩在無可奈何之下和新郎圓房了。

婚後新郎還是一樣無所事事，吃喝嫖賭，是個天生的浪蕩子，女孩經常生氣的跑回娘家，但總是被母親勸回婆家。婚後一年，女孩產下一子，本來希望當了父親的浪蕩子能有所悔悟，在家從事生產，好好耕種家裡那幾畝花生田、地瓜田，但是有了兒子的浪蕩子沒有改變，依然好賭成性。

有了第一個孩子後，浪蕩子更是覺得家裡那幾畝田連吃飽都嫌不夠，還能有什麼發展？而且又欠了不少賭債，於是在民國十一年，浪蕩子一個人搭船逃到了台南。在台南寄留在親戚家，並找到當捆工（搬貨工人）的工作之後，浪蕩子寫信回澎湖，要女孩帶孩子一起到台南，但是女孩寧願留在老家挑糞種田，打死也不願意到台南。結果這一分離就是六年，女孩留在家鄉養育兒子，六年之間，夫妻沒有見過一次面。

民國十六年，女孩的母親因病去世，娘家的大哥也早已娶妻生子，忙著開小漁船來回台灣載貨的生意，女孩頓時失去娘家的依靠，於是女孩的公婆半勸半逼，要她去台南和浪蕩子生活。既然不容於公婆，女孩別無選擇，答應由婆婆陪著，帶著六歲的孩子到台南和浪蕩子相聚。從竹篙灣搭上大哥開的小漁船，到台南的一路上，女孩暈船吐得半死不活，而等待她的是命運多舛的生活，從此女孩沒有再回到澎湖。

這個澎湖女孩是我的祖母。

二 市政府後面

民國十七～四十五年

浪蕩子祖父一直沒有改變，吃喝嫖賭還是樣樣不缺，賺錢養家只是副業。平時當捆工有一搭沒一搭，貨運行一家換一家。祖母對祖父早已不抱任何希望，對他採取不問、不理、不求的態度。祖父如果賭博贏了，會拎著一條魚回家，再給祖母幾角零錢。如果賭博輸了，回家唉聲嘆氣，只差動手打人。為了生活，祖母幫人家縫布袋（一個二錢）、撿市場剩菜勉強過日子。到台南第二年（民國十七年），祖母生了老二，是我的父親；父親和伯父相差了七歲，再後來生了兩個女兒，是我的兩個小姑媽。

民國二十一年，當沒有貨運行願意再給祖父工作，而且又欠下賭債的窘境下，祖父帶著祖母與小孩逃到高雄。在市政府後壁（後面）的地區，找到一塊大約五十坪的土地，填土夯平後再用草繩圍起來，標記為自己的土地，暫時定居下來。但是台南的債主追到了高雄，追討祖父欠下的二百多元賭債。祖母只好向親戚們求援，最後住屏東的五叔公幫忙還了債。還債後，五叔公將十一歲的伯父帶去屏東，一方面減輕祖母家裡的吃飯人口，另一方面讓伯父幫忙他家裡的生意；表面上看起來五叔公是好意，但是事實上五叔公帶走伯父有抵押還債的意味，把伯父當成家裡的免費童工。

民國二十三年，父親讀小學，接受的是日本教育，而兩個小姑媽則沒有上學讀書。祖母的生活過得相當艱辛，除了幫人家縫布袋，還經常帶著兩個沒有上學的小姑媽拿著籃子，到高雄港「哈瑪星」附近撿拾載貨火車掉下來的煤炭販售，偶而也偷挖路邊的地瓜。而父親一放學就到市場幫人家搬貨，或是到磚窯廠搬運磚頭當童工，偶而也幫人家賣「棗仔糖」。祖母和三個孩子平日的主食是「蕃薯籤」（曬乾的地瓜絲），加少許米煮成濃稠狀裹腹，既吃不飽但也餓不死。有時會去日本人食堂的垃圾桶撿剩菜，因爲食堂的好心老闆有時會將大章魚剝下來的皮，以及其他剩菜用紙包著，再放在垃圾桶旁邊，因爲老闆知道祖母她們會去撿，用紙包著可以避免食物沾到泥土。祖母曾經對我們說：章魚皮煮爛後非常好吃，每次都會希望紙包裡有章魚皮。而父親好不容易挨到小學畢業，開始當木工學徒，一心期待出師後可以工作賺錢。

民國三十四年，美軍轟炸高雄，在「哈瑪星」撿煤炭的途中，祖母和小姑媽差點被美軍的轟炸波及。隔年，日本撤離台灣。民國三十六年，四十七歲的祖父罹患俗稱「天狗熱」的登革熱去世，這年父親十九歲。祖父去世時，祖母沒有流一滴眼淚，因爲早已心死。祖母一生沒有體驗過愛情，唯一的丈夫如同陌路人，視妻子如草芥，視子女如無物，他的去世對祖母而言是一種解脫。

接著發生二二八事件，這時候父親已經在一家機械公司上班當木工，結果公司被舉報有叛亂分子，員工被抓起來訊問，父親也在其中。幸好有人作證說：「這個孩子一向很乖，不會鬧事，而且平常要奉養老母和照顧兩個妹妹，不可能是叛亂分子。」最後，被關了一天的父親幸運的被釋放了；哭了一個晚上，沒有闔眼的祖母看到父親回家，如同絕處逢生，喜不自勝！這件事在父親心中烙下了深刻的痕跡，對於逐漸增加的外省人，雖然還沒有到除之而後快的痛恨，但是已經產生非我族類的不滿。

民國三十八年，隨著國民政府來台，推動耕者有其田、公地放領等等的政策，父親付給市政府少許的補償地價，原本臨時居住的地方，就成了自己的私人土地。在這塊地，木工專長的父親，陸續以木板和鐵皮搭建了屬於自己的家。在這段動盪不安的時期，兩個小姑媽已經十六、七歲，除了幫人家打掃當傭人，也經常在高雄港口附近賣零食，包括：糖果、飲料、水果、花生米等等。零售的貨物裝在一個扁平狀、方形的盒子裡，打開之後成L形，並用繩子綁在L形底部的前端兩側，繩子就可以掛在脖子上，向來往的旅客展示盒子裡的貨品。當時港口有很多來自大陸的外省人，而有不少同樣在港口賣雜貨的女孩，最後都嫁給外省人。但是父親警告兩個小姑媽，如果她們敢嫁給外省人，就剝了她們的筋！其中最小的姑媽如同祖母年輕時一樣是美人胚子，曾經有外省人來提親二、三次，結果帶來的禮盒或布匹，都被父親直接丟出門口，二話不說就把媒人轟了出去。

民國四十年，父親二十三歲，經媒妁之言與小二歲的母親結婚。母親是家住草地（鄉下）的農家女孩，在市場裡賣菜，沒有上過學。母親身高一六〇公分，屬於人高馬大型，父親比母親略高，身形則較爲纖瘦。結婚七年之間，父母親擁有了五個孩子，我排行老四。結婚後，父親白天到機械公司上班，母親和祖母賣冬瓜茶、西瓜或是檳榔。父親下班回家後，拿著母親利用空閒做的紙偶到大街小巷賣，有時還搭火車到左營、岡山賣，再趕夜車回家。

後來二位姑媽都出嫁之後（嫁給本省人），父親將住家改成一家撞球間當了老闆。當時撞球間被視爲不良場所，是「竹雞仔」（不良少年）和阿兵哥聚集的地方。另一方面，高雄的「市政府後面」已經成爲色情場所的代名詞，妓女戶陸續的聚集起來，達十幾家，我家隔壁就是一間妓女戶。妓女或「相幫」（妓院中的男僕）會站在門口攬客，甚至會將路過男人的帽子或眼鏡搶奪下來，然後跑進去，要拿回帽子或眼鏡只得進入妓女戶，一旦進去就自然成了顧客。有好幾次姑丈來家裡拜訪父親，帽子被隔壁妓女搶走，每次都是父親去要回來。

父親開的撞球間生意不錯，後來還聘請了計分小姐。因為當時打撞球有不少人是在賭博，輸贏的分數計算就不能馬虎，所以需要計分小姐仔細記錄進球的分數。到吃飯時間，計分小姐去用餐時，母親和大姊就需要輪替一下。但是撞球的客人偶而會起糾紛，要不然就是調戲計分小姐，經常要父親出面調解這些衝突，這使得母親經常憂心不已。

由於家裡擺了四個撞球桌，沒地方睡覺，父親在撞球間後面蓋了約三坪的「半樓仔」（樓中樓），當作和母親的臥房。每到晚上，我們小孩子和祖母先到半樓仔睡，等撞球間打烊關門後，大約是晚上十二點，父親在撞球台旁邊將二片木板架在長板凳上當床，再把我們五個小孩叫下來，和祖母一起睡在這些木板上。

民國四〇年代的台灣，絕大多數家庭努力的目標只是求得溫飽，父親的撞球間雖然無法致富，但至少能讓家人們溫飽無虞，我和姊妹們從來沒有餓過肚子。

三 搬家

民國四十六～五十二年

我出生於民國四十六年，排行老四，有三個姊姊、一個妹妹。身爲獨子得到父母特別的關愛，在那個年代，重男輕女是很普遍的現象，大家都希望生兒子。怪異的是伯父與兩個姑媽都至少生了三個兒子，女兒都只有一個；但是父親卻有四個女兒，只有我這麼一個兒子。父母從我出生後就叫我「石頭」，因爲希望我能像石頭那般堅硬，百毒不侵，能夠健康硬朗地長大。

雖然住在聲色場所的「市政府後面」，但包括我們和鄰居的一群小孩子自成一個世界，一起嬉鬧玩耍，對於大人們的齷齪世界一無所知。在那個時候，沒有父母會把小孩關在家裡，一方面是大多數父母忙著工作，另一方面是外在的危險很低，例如：車禍、搶劫、擄人勒索等等。我們一群小朋友會到愛河邊抓寄居蟹、小螃蟹，或是一起玩跳繩、捏泥巴。有時候我們會聚集在港都戲院外面，由於小朋友不必買票，所以如果有大人單獨一個人買票時，膽子大一點的小朋友，會拜託大人帶他一起入場。大多數大人會拒絕這些陌生小孩的要求，但還是有大人願意讓小朋友跟著進電影院。我膽子小，只敢在旁邊看熱鬧，一直不好意思開口。記得有一次大姊突發奇想，帶著我們四個弟妹沿街撿菸蒂，蒐集的菸蒂可以拿去賣，結果只撿了兩天就被父親發現，帶頭的大姊、二姊被修理的很慘。對於在這段時間的印象，我們小朋友可以很自由的玩鬧，只要注意吃飯時間到了就要回家，要不然免不了一頓打。

由於撞球間的收入不錯，偶而就會有澎湖的親戚來找父親告幫，例如：伯父小孩的學費、四叔公媳婦的安家費、小姑媽偶而需要的生活費等等，父親都很慷慨的幫忙。撞球間經營了一陣子之後，伯父從屏東回到高雄，和父親談到「分家」的事，因爲住的地方是祖父留下來的，而他是長子，有權力分得遺產。父親一開始和伯父商量不要分家，一起將撞球間改爲「茶室」（摸摸茶），伯父不願意。於是父親讓伯父自己挑：要房子還是要錢？伯父選擇了後者，於是父親給了伯父二千元，伯父拿了錢搬出去和他老婆買房定居。父親沒本錢開茶室，繼續經營撞球間，而祖母一直和父親一起住，從來沒有和伯父住過。

雖然撞球間的收入讓父親有了積蓄，但是父親一直覺得環境不適合小孩子的成長，因爲當時「市政府後壁」已成爲高雄「最大風化區」，被稱爲「高市之瘤」、「都市之癌」。民國五十二年，我入學就讀光榮國小，只讀了一學期，父親覺得不能再等了，兒子已經開始讀書，不能再住在風化區裡，於是賣掉了撞球間，買了中都地區的一棟房子。

這是我們第一次搬家，那時候的我不曉得以後我們還會再搬家四次。

貳

求學生涯

一 小學

民國五十三～五十八年

位於中都地區的新家是二樓的房子，地坪大約二十坪，是十五間連棟透天厝的邊間。這時父親開始每天騎腳踏車到台塑上班，當木模師傅，月薪一千多元。由於沒了撞球間的收入，而一家八口食指浩繁，只靠薪水要維持生計有困難，於是父親在一樓開了雜貨店。一開始我不太喜歡讓同學知道自己家是開雜貨店的，一直到讀國中才想通，開始主動幫忙看店。

開雜貨店很麻煩，因爲貨品繁多，瓶瓶罐罐的備貨相當費力費神。白糖、紅糖、鹽、麵粉、綠豆等等都是秤重賣，那時沒有塑膠袋，所以平時有空就要用報紙或月曆紙用糨糊黏成紙袋，用來裝貨秤重。賣的東西還包括：針線、鞋帶、花露水等等；香菸還可以一根一根的賣。有時會有商人拿物品來寄賣，例如：小碗粿、小玩具，隔幾天再來依販售數量結帳。母親喜歡讓商人寄賣，卻常被父親罵，因爲寄賣的東西有時會壞掉或破損，也要我們負責，父親嫌麻煩，不准母親再讓人家寄賣。

白天是母親補貨，偶而父親下班回來也還要去補貨，載貨的交通工具是後座的座位比較一般的腳踏車更寬大，稱爲「武車」的腳踏車，要騎到約五公里遠的三鳳宮附近的中盤商載貨，例如：麵粉、糖、鹽、紅豆……。其中麵粉一袋就是二十二公斤，放在武車的後座時，沒經驗的人不知道如何拿捏位置，車頭就會馬上翹起來，更別說騎上車。後來家裡也兼賣甘蔗，甘蔗可以只買一截，大約三台尺（九十公分）賣一角錢，把皮削好後再交給客人，而曬乾的甘蔗皮可以當柴火燒，還可以用來修理小孩，我領教過好幾次母親用甘蔗皮抽打在腳上的強烈刺痛感。雜貨店的利潤很微薄（一包菸扣掉火柴賺不到五毛錢）。除了賣甘蔗，父親曾經嘗試賣早點，向人請教後，在家裡廚房練習炸油條，但是卻一直不成功，無法炸出蓬鬆的油條，父親後來放棄了賣早點的計畫，一直咒罵教他的人沒有把炸油條的祕訣說出來。但是我們幾個小孩把炸失敗的油條，吃得一乾二淨，油條的樣子雖然不好看，但是還挺好吃的。

由於經濟的壓力加上重男輕女的觀念，父親宣布只有我可以讀大學，而且是必須讀大學，四個女兒最多只能讀到高商（高級商業學校）。這點，是我成年省悟之後，一直對姊妹感到愧疚而又無奈的遺憾。因爲大姊、二姊都有讀書的天分，常常拿獎學金，而我卻從來沒拿過獎學金。姊妹中，最辛苦的是大姊，小學畢業後就在家裡顧雜貨店，一直跟著爸媽做小買賣。如果身爲男女平等的現代，就能得到基本的栽培，大姊和二姊應該都是可以成爲管理階層的人才。

小一到小四我就讀的學校是河濱國小，我是很典型的「猴死囝仔」（小屁孩），說自己有劣根性，一點也不爲過，講好聽點是頑皮。上學途中看到牛車，會和同學偷偷跑到牛車後面，雙手抓著車尾的橫桿，把腳翹起來吊著。其實吊在牛車後面沒有比走路輕鬆，純粹只是爲了好玩。還有我很討厭女生，尤其喜歡欺負年紀最接近的三姊與妹妹，有次打死一隻老鼠，然後趁她們不注意時，往她們身上丟過去，三姊與妹妹嚇得東逃西竄，我則樂得手舞足蹈。有時是玩橡皮筋玩到無聊，就拿她們當箭靶。而班上坐我隔壁的女生也被我欺負得很慘，只要一跨過「邊界」，不是東西沒收，就是扁她，心血來潮時，就以蟑螂伺候。後來這位女生轉學了，當時一直擔心她的父母會來找我算帳。

在中都地區的這一段時間，是我印象中最快樂的童年階段，因爲年齡相近的玩伴有十幾個。每天我們有玩不完的花樣，例如：橡皮筋、打陀螺、彈珠、尪仔仙、尪仔標、跳房子等等。而在住家旁邊有一片草地，更是我們的遊樂園，可以抓蚱蜢、金龜子、蜻蜓，以及烤地瓜（焢窯）、灌蟋蟀。尤其草地的地勢比較低，只要雨下得大一點，就會淹水。淹水後就可以去抓蝌蚪、大肚魚、吳郭魚，我一直很好奇這些蝌蚪和魚是從哪裡來的？問過母親這個問題，她也不知道。後來可能因爲抓昆蟲抓太多，再抓頭搔癢，我的頭上長瘡了，也就是俗稱的「臭頭」。母親用剃刀小心翼翼地把我頭髮剃掉，再敷上藥。玩伴們看到我的光頭和頭上一顆顆的瘡，就一邊取笑一邊唱：臭頭仔爆米香！臭頭仔爆米香！過了十年，我讀大學時再回去找這片草地，已經不存在了！取而代之的是熱鬧密集的住宅區與商店。心中不禁慶幸大自然在我們脫離童稚之前，能賦予這片草地，成爲我們記憶中永恆的樂土。

除了玩樂，平時還會做的事情之一，是撿破銅爛鐵。住家附近有一家生產合板的工廠，傍晚時會將燃燒後的廢棄物倒在外面，我們一群小朋友，甚至包括家庭主婦，拿著籃子蜂擁而上，撿拾廢金屬、木炭等等。木炭拿回家當柴火；廢金屬則拿去賣，我們小朋友都是賣給一個推著腳踏車賣麥芽糖的老人。廢金屬撿得少，只能換一小坨麥芽糖；如果撿得比較多，就可以加上餅乾夾麥芽糖。換的時候，也沒有用秤子秤重，老人用手惦一惦，只說：「好。」就打開麥芽糖罐的蓋子；我們流著口水等他挖麥芽糖，並期待他會再拿出兩片餅乾夾住麥芽糖。有時候收穫不好，我們沒有每個人都拿到麥芽糖，我就會看著有麥芽糖的人說：「給我吃一口。」通常我們都願意分享，你舔一口，我舔一口。當然，男生不會去和討人厭的女生分享。

父親偶而會用腳踏車載我去看電影，我坐在腳踏車的後座，跨坐久了腳會痲，拖鞋就掉下去，我趕快和父親講，父親就會把腳踏車停下後立起來，走回去撿我的拖鞋。長大後回想父親走去撿拖鞋的模樣，常讓我聯想到朱自清的〈背影〉。父親是典型的一家之主，家裡大小事都是父親說了算，母親沒有置喙的餘地。或許父親小時候艱辛的生活，將他歡笑的本能消耗殆盡，我從來沒有聽過父親的笑聲，也就是說父親不會開懷大笑，頂多看到他右邊嘴角上揚的微笑；就算退休後，父親看豬哥亮的錄影帶，也只是嘴巴微張的微笑。但是父親板起面孔時，不必開口，就立即讓我們感到惶恐不安。父親話不多，從來沒有和我們講過他小時候如何度過那段貧困的生活，平常也不會問我們的課業或聊學校的事，所以我們通常最多只知道父親是否在生氣，至於有什麼心事，從來沒有人知道。不過我知道父親最疼我，因爲父親只會帶我去看電影，從來沒有帶過母親或姊妹們看電影。

我們最常去的戲院是老牌的「壽星戲院」，當時的電影院和現在的電影院有很大的差別，沒有清場也沒有對號，任何時間都可以買票進場，自己隨便找位置坐。我們常常從電影的中間開始看，結束後再等下一場。如果戲院滿座，會有服務人員拿手電筒幫忙找空位。電影放映中，有人拿著手電筒照來照去是很礙眼，但是大家習以爲常，沒有人會抗議。有幾次手電筒照著我，因爲我是沒買票的小孩子，意思是要我讓出位置。父親總是低聲和我說：「賣彩伊（別理他）！」服務員講了幾次，父親就是不理他，最後服務員只能去找別的座位。而電影場次之間的休息時間，會有賣零食的小孩穿梭在座位之間兜售，有時我很想吃花生、糖果或是喝汽水，但是父親從來沒有買過零食，我也不敢講。那時電影在放映前，會先放映國歌，觀眾要全體起立，大家見怪不怪。直到讀大學時，我有機會到了美國，發現美國的電影院沒有放映國歌，才知道國歌和電影未必一定要連結在一起。

在讀河濱國小時，我是轉學生，座號是六十一號，可見班級人數之多。我的功課還算不錯，因爲級任老師很凶，對功課盯得很緊，我還記得她的名字：詹月英老師。詹老師每天都會檢查功課，如果沒寫完，鞭子一定上手。只要想到老師的鞭子，我從來不敢不寫功課。詹老師上課很用心，只要用心聽，都可以聽得懂，所以每次考試都考得還不錯，沒有一百也有九十。詹老師雖然身形瘦弱，但是不必靠吼叫就能散發出威嚴，把學生管理得服服貼貼。

只是我的劣根性不改，還是常挨老師的處罰，有一次，我用鉛筆刀將座位的桌子很有耐心地挖啊挖，挖了兩天，挖出了一個小洞，讓手指頭可以伸進伸出，我覺得很好玩。結果被老師發現後，雙手被打到紅腫。我回家不敢說被老師打，因爲說了手只會更腫，當時不會有家長認爲老師打學生有什麼問題，如果有問題，一定是自己的小孩不乖。

小四升小五那一年的暑假，由於當時「九年義務教育」還沒公布，上初中還要參加聯考再分發，因此學校開始上暑期輔導課。但是我卻迷上《西遊記》，早上書包背著不是到學校，而是到漫畫書店報到（錢是從家裡偷拿的），沉迷在孫悟空大鬧天庭、七十二變大戰牛魔王的世界中。老師看我兩天沒到學校，叫班長到家裡問。結果逃學的下場是：人高馬大的母親把我提起來，用削下來的甘蔗皮狠狠抽了一頓，我哀嚎震天！還好父親回來沒有再打第二頓，可能是看到我的腳上已布滿一條條的紅色痕跡，父親只是搖搖頭說：「看你下次還敢不敢！」

暑假還沒結束，發生了父親和附近女人搞外遇的緋聞，後來父親要切割，但是女的不肯，一直糾纏不清。於是父親剃了光頭以示決裂，並賠錢了事；趕緊帶著我們第二次搬家。我們父子二個前後剃了光頭，我剃光頭是因爲頭上長瘡，父親剃光頭則是爲了贖罪與懺悔。

因爲搬家，小五轉學到信義國小。說來眞誇張，級任的男教師常常沒有上課（聽說是跑去賭博），我樂得和同學打打鬧鬧，不讀書也不寫功課，因爲不會被處罰。一學期快快樂樂下來，父親看到成績單，臉都綠了，只差沒吊起來打。我和父親說老師都沒有上課，所以考試題目才看不懂。當年沒有家長投訴老師這種事，於是只能趕快辦理轉學。同時，由於新家的地點比較偏僻，雜貨店生意很不好，加上父親爲了緋聞付出賠款的支出，經濟陷入窘迫。這期間，十八歲的大姊每天騎腳踏車至少半小時，到中都的菜市場賣滷味。那時，我並不知道這件事，成年後才聽大姊提及，鼻酸與無奈占據整個心頭。由於雜貨店生意不好，加上我要轉學，因此只住了半年，父親找到一個地點比較好的房子，我們第三次搬家。

第四個家同樣是兩層樓，但是地坪大概只有十五坪。當木工的父親在一樓、二樓都親手打造了「半樓仔」，如同現在的「樓中樓」，但是人無法直立，必須彎腰，主要目的只是用來睡覺。新家的一樓還是當雜貨店，一樓的半樓仔是父母的臥房，二樓是神明廳以及我和祖母的臥房，四個姊妹則擠在二樓的半樓仔。新家的地點比較熱鬧，住家也較多，雜貨店生意有了起色。而且在騎樓夏天賣剉冰，冬天則賣粽子，生意還不錯。粽子是母親親手包、自己煮，有素粽和肉粽；剉冰是手搖式，冰塊則是騎腳踏車到兩百公尺遠的市場買，賣冰塊的店家環境衛生不是很好，例如：徒手拿冰塊、鋸冰塊的鋸子有點生鏽、冰塊沒有覆蓋等等；沒有客人吃出腸胃炎還眞是奇蹟。

這段期間大姊開始到「高雄商業職業學校」（簡稱雄商）讀初中部夜校，結果三年期間每學期都是第一名。「長姊如母」這句話完全可套用在大姊身上，母親屬於神經大條的類型，平時只負責補貨、煮飯，而二姊、三姊高商畢業之後就去上班，所以雜貨店主要是大姊在顧店。而且大姊還會留意我的功課，考試考不好，首先挨大姊的罵，父親下班後接著罵第二攤，母親對我的爛成績倒是沒什麼意見。大姊的應對口才又很出色，洞明人情世故（大姊說都是聽收音機廣播學來的），所以父親常會和大姊討論事情，父親曾經講過如果大姊是男生，他就輕鬆多了。

有一次我生日時，人姊問我要什麼禮物？我說：「妳的獎學金分我一點好了。」結果父親聽到了怒不可遏，大聲罵我說：「獎學金要自己賺，怎麼可以要別人的獎學金，不要臉！」嚇得我直哆嗦。

小五下學期我轉學到新興國小。到新學校上課，印象最深的是：數學的「分數」完全聽不懂，因爲之前讀信義國小的老師根本沒有教，後來自己慢慢推敲，才逐漸搞清楚什麼是分數，還有擴分、約分的意義。由於新學校的老師有正常上課，我的成績也慢慢有起色，雖然沒有名列前茅，但至少都還可以及格。

在小五這一年，有一件事讓我的心靈產生極爲震撼的經驗！就是和母親到舅舅家，無意間打開舅舅家裡的一本書《愛麗絲夢遊仙境》。第一次讀到童話故事，結果我的腦海就電光石火般的中毒，實在是太有趣了！逃學看《西遊記》漫畫的記憶立即連結起來，我終於發現書中原來有這麼多好玩的世界！

家裡沒有童話書，小學學校也沒有圖書館，我的閱讀飢渴無法得到滿足。直到小六寒假，有一次到市立體育場參加學校活動，發現體育場旁有一間「高雄市立兒童圖書館」，從窗戶外可以看到裡面有很多書，但是當天是假日沒有開放。隔天一大早趕去排隊，由於太興奮了，管理員一開門就衝著跑進去，結果被管理員抓回來打了一巴掌，只記得眼冒金星倒退好幾步。雖然被打了一巴掌，但是仍然常常報到，只是不敢再亂衝亂撞了。在兒童圖書館把《格林童話》、《安徒生童話》、《伊索寓言》都看完，當然也包括劉興欽的《阿三哥與大嬸婆》。

忘了小學畢業的成績，只記得畢業典禮時沒有領到半張獎狀很正常，一直到大學畢業，我還是沒拿過任何獎狀。

二　國中

民國五十九～六十一年

民國五十九年，懵懵懂懂上了國中，欺負姊妹的次數比較少了，但是對功課的專注還是原地踏步。等著開學的暑假時，父親要我把英文二十六個字母，以及四種書寫體背熟，背了一整個暑假的英文字母之後，很有信心的迎接國中。

結果，開學後第一次上英文課，老師叫我們打開課本，要大家跟著唸：「This is a book, This is a book」。我腦袋轟的一聲，當場傻眼，這是怎麼回事？爲什麼老師不是唸字母 T-h-i-s？老師唸的是什麼？我看同學都沒有發問，也不敢問，只好在課本上標註「里是一是せ不客。」一直到現在，我沒有上過一次音標或發音課。

一直沒搞懂當時國中的英文課爲什麼不先教音標？後來查了一下，發現民國五十六年六月三十日，蔣中正指示籌劃延長國民教育爲九年事宜。結果隔年民國五十七年九月就開始實施。九年義務教育從決策到實施，原來只花了一年二個月！九年義務教育實施太匆促，課本來不及編好，老師也不夠（聽說當時只要有五專學歷就可以當國中老師）。我曾經問過晚我四年進國中的老婆，老婆說她們國中英文的第一節課是教音標，可見課本後來有經過修訂。唉！教育改革如果太過匆促，倒楣的就是把頭伸到最前面的學生。我是九年義務教育的第二屆，屬於把頭伸到最前面的那批羔羊。

第一次月考時，英文考了三十三分（過了五十多年還記得這個分數），父親也傻眼，於是要我去老師家補習，但是老師也是上課本的進度，我仍然搞不懂 This 為什麼要讀成「里是」？還有為什麼英文有 be 動詞？主詞、受詞又是什麼東西？而且「我」就代表了「我」，為什麼用「I」代表「我」？而且有時又變成「me」？心中一大堆的問號，英文課本完全成了天書。而我的記憶力並不好，光是 This 四個字母，就花了一個晚上才背起來，隔天早上一起床就又忘了。結果英文從國中一路爛到大學畢業，從來沒有及格過。

記憶力不夠好也影響了數學幾何的學習，國三時流行的一句話「學了幾何又如何？」是我當時心情的寫照。雖然我可以看懂外角定理、內角和定理、三角形的 SAS、ASA 全等性質，以及外心、內心、重心等等，老師的講解也聽得懂，但是我經常無法在限時內，做完所有的考試題目。老師會提醒我們題目要做得夠熟，才能考到好成績。換句話說，要熟到一看題目就想到解法，等於是要把解法背下來，這對我實在是一大挑戰，所以國三數學我都是低空飛過。到了高中學三角函數，老師要我們背一堆公式——正弦定理、餘弦定理、兩倍角公式、和角公式等等，結果我一樣在及格邊緣徘徊。

國中讀書時的認眞程度大約是中等，因爲會有爸媽的鞭子伺候，所以沒有翹課逃學的勇氣，花最多時間的反而是「看課外書」。就讀的新興國中圖書館藏書相當多，是我最喜歡去的地方，經常去借書，借到圖書館的小姐都認得我了，最後允許我進入書庫自己找書。當時的圖書館都是閉架式，借書只能在書庫外面翻閱館藏卡片，塡了借書單，再由館員把書找出來。至於要找特定的書，那就必須按照筆劃一張一張卡片慢慢地翻，翻得頭昏眼花。用電腦查詢？還早得很！個人電腦 PC 還要十五年後才會出現。

說到電腦，大四修習「計算機概論」學 Fortran 程式語言時，設計程式的作業必須用打洞卡的方式，也就是將程式寫好了，要到計算機中心用機器把程式語言打成一張一張的卡片，卡片打洞完成後，再送到櫃台去等，等工作人員幫你跑程式。

一個簡單的一元二次方程式的解，前後要花一個多星期才知道結果，很難想像吧！現在經過多年來的科技進步，讓電腦完全翻了個樣，圖書館的作業方式也隨之改變，借書不必再填借書單（想想看借十本書，光是書名就要寫好久）。還書時工作人員也不必從一堆卡片中翻找借書單，而查詢圖書也不必翻卡片，只要用鍵盤輸入幾個字，書籍資料兩三下就出來了。和以前比起來，現在的學生實在是幸福！

國中三年把《三國演義》、《西遊記》、《封神榜》、《濟公傳》、《隋唐演義》等等足本古典小說看完（《紅樓夢》努力翻了幾頁，看不下去），還有《亞森羅賓系列》、《一千零一夜》、老作家畢昇的小說等等。瓊瑤的？看了一本《紫貝殼》就沒興趣了，當時還看不懂男女談情說愛的樂趣。直到大學，每一個學期我都換了好幾張借書卡，國中三年就在課外書堆中度過。當然也包括小男生會做的事：打架；不過都是抱著在地上滾來滾去，頂多算是角力，沒有膽子拿石頭互丟，或拿刀子互砍。

所有上課的科目中，最喜歡的除了自由活動的體育課以外，就是國文課。還記得國三的國文老師叫「陳須美」，人如其名，高挑亮眼又具有古典仕女的優雅，對我作文的評語常讓我很有成就感，每次都很期待作文簿發下來。有一次懷孕大肚子的須美老師到教室之後，叫我跟她一起到離學校很近的家，搬班上的作文簿，途中摸我的頭說：「你作文寫得不錯喔！」我很開心，但是我沒有和任何人說，我把它珍藏在心裡成為最溫暖的記憶寶藏。但是國文課還是有讓我討厭的缺點，就是考驗記憶力的詩詞文章的默寫。相同原因，歷史課也成為我討厭的科目之一，一直很痛恨要記憶歷史事件的年代、人名，尤其是什麼馬關條約、天津條約的內容，背起來還不是一下子就忘掉？所以當時我就知道，以後絕不會讀文組。

至於理化、數學科目，成績都算還好，大約是班上的中上程度。畢竟會怕父親開扁，考試前還是會抱抱佛腳，只是英文毫無起色，補了半天，英文還是考不及格，恨死了發明英文的國家。

高中聯考前幾個月，暫時放下課外書，用心安分的準備聯考，但是我知道不可能考上第一志願雄中（高雄中學）。放榜後，我考上第三志願的前鎮高中，分數只差四分，好險！老天似乎對我不薄。

三 高中

民國六十一～六十四年

讀高一時，父親和上司吵架，把台塑的工作辭了。破釜沈舟地第四次搬家，搬到三民國中對面的菜市場邊的房子。二層樓的房子地坪只有十坪左右，同樣是開雜貨店，還有父親自己蓋的半樓仔。會搬到更小的房子，是因爲父親認爲在菜市場比較好做生意，所以辭掉工作放手一搏。結果菜市場雖然熱鬧，但是由於我們家的位置太靠邊緣，很少有人會特地來買雜貨，所以雜貨店的生意很不好。有次父親決定賣素食，於是母親煮了幾樣素食，拿到市場的中央走道叫賣。我年紀漸長，也比較關心家裡的經濟狀況，放學後，我迫不及待地問生意如何？母親無奈的說：「三十塊。」三十塊？我心情跟著沉重，母親無奈的表情一直駐留在我腦海裡，直到現在仍然印象清晰。

雖然大姊、二姊、三姊已經陸續上班賺錢，但是父親沒了工作，生意又做不起來，家裡瀰漫著低氣壓。有次我騎腳踏車，被冒失的摩托車撞歪了輪子，回家被大姊罵不懂事。雖然膝蓋很痛，但是我沒有回嘴，因為我知道不應該花這個錢。

後來父親想買下市場中一個位置不錯的攤位，需要三十萬左右。父親以房子抵押向銀行貸款，為了討好評估房子價值的銀行員，父親準備了一些魷魚乾、香菇的禮物送給銀行員，後來成功的借到了錢。

有了位置理想的攤子，雜貨的生意好多了，只是每天要將雜貨搬來搬去，相當累人。這期間讀高商夜校的妹妹白天在家裡幫忙，妹妹的個性比較單純，反應也不夠機靈，只要找錢太慢、東西擺錯位置、灰塵沒擦、搬貨太慢等等，就會被父親斥責或用力巴頭。父親對子女的管教相當嚴格，有次有一位男生和他的同學來家裡找妹妹，只講了兩句話就離開。父親等他一離開就很凶狠地對妹妹說：「下次再有男生來家裡找妳，看我不打斷妳的腿！」妹妹難過的藉故騎腳踏車出去，碰巧遇到那位男生的同學，就請同學轉告那位男生，以後不要再來家裡找她。結果，妹妹的初戀沒五分鐘就結束了。而我在大三時曾經和一位外省籍女生交往，拿照片給父親看了之後，父親並沒有說什麼。過了大約一年，大四快結業時，我們分手了，這時母親才私下和我說，她鬆了好大一口氣！原來父親根本就不喜歡我和外省女生交往。後來我逐漸了解，父親對男女的差別待遇，也包括了異性的交往，他難以接受女兒在婚前和異性交往，所以後來我四個姊妹都是相親結婚。但是父親可以接受兒子婚前和異性交往，而且就算對象是他不喜歡的外省人，也不會出言反對。我不曉得父親是因爲疼我、怕我難過，還是單純的男性沙文主義作祟？

在我上大學之後，父親花了一些錢請「管區的」協助（其實就是賄賂）將攤子變更爲「魚攤」。改爲魚攤之後，雜貨店就收了，父親開始了和母親在凌晨四點起床，到魚市場批貨的賣魚生涯。記得賣魚第一天，我在台北讀大學了，我焦急地打電話回家問生意好不好？母親回答說：「賺了五百元。」電話兩頭都好開心；比起雜貨店，賣魚的利潤高了許多，但是體力的付出也更多。

到了高中，對課業就是提不起興趣，好幾次下定決心，當個「認眞用功的好學生」，但是每次都持續不了幾天。高一時被老師點名參加了軍樂社，分配到「上低音號（Baritone）」，從此愛上了管樂，每天放學都會到樂器室報到，後來甚至想要考音樂系，但是又沒學過鋼琴，想想就算了。軍樂隊有一位同學家裡經營喪儀社，有時送喪樂隊（俗稱「西索米」）缺人，會叫我幫忙，如果送到山頭（墓地）一次一百三十元，如果只在市區繞一下，一次八十到一百元。其實整隊二、三十人的西索米眞正會吹的不到一半，反正喪家只算人數，不會去注意誰會吹、誰不會吹。高二時開始去吹西索米，次數並不多，大概只有五、六次，留級後就不敢再去了。

其他「浪費」的時間，包括寫文章投稿，每期校刊都有我的文章，算是小小的風雲人物，尤其畢業前刊登的〈從野鴿子的黃昏到落霞與孤鶩：評王尚義〉，更是讓國文老師豎起大拇指，因爲當時文壇受到沙特、卡繆的存在主義影響，形成一股悲觀思想，最出名的是民國五十七年中學生首仙仙的自殺事件。我寫的這篇評論，就是批評這股潮流之一的王尚義的著作。結果出風頭是出了，換來的是成績單滿江紅。

在高中愛借書的習慣沒有改變，也是借到圖書館小姐認得我，但是因為前鎮高中才剛成立四年，學校藏書反而比國中少，我只好DIY，到高雄市立圖書館（文化中心還沒開始建），或者跑舊書攤和書展。印象深刻的是舊書攤的書相當雜，從舊雜誌、色情書報到違禁書（例如：文星雜誌、李敖）都有，現在的舊書攤反而比較沒落了，沒什麼寶好挖。

雖然準備考理工科系，但最喜歡的還是國文，寫寫打油詩、散文。我們班級導師是教國文的「陳春城」老師，高二時有次教師節快到了，班長想要給老師一個驚喜，想好了一個戲碼，但是還缺一首歌，於是我把「妹妹背著洋娃娃」的歌詞改寫成：「**陳老夫子號春城，任教前中三年五，三年五班好漢多，春城淚下數十行。**」把歌詞寫在黑板的角落，然後等老師一走進教室，班長喊：「起立！立正！……跪下！」全班動作一致同時長跪，然後班長喊：「一二三唱！」老師先是被我們全體跪下來嚇一跳，接著聽到我們唱歌，不禁莞爾一笑。

當時是男女分班，我們這一班乳臭未乾的男生，下課後意猶未盡，我突發奇想，把「妹妹背著洋娃娃」的歌詞再改成：「妹妹穿著體育褲，露出腿兒白又白，哥哥看了好歡喜，一起做運動好不好？」然後號召全班在二樓樓梯口，對著從三樓下來上體育課的高一女生開唱，結果出乎意料地把她們嚇得不敢下樓，因為我們距離她們至少有好幾公尺遠，也沒擋住樓梯。結果下場是——教官集合全班罰站，一個一個問：「是誰寫的下流歌詞？」好吧！我承認我是俗辣，躲在隊伍中不敢站出來。還好沒有同學告發，一方面是班上同學的感情很好，相當團結；另一方面大家都很討厭外號「滷蛋」的矮個頭教官，寧願罰站二節課也不出賣同學。

滷蛋教官似乎整天沒事幹，只負責抓哪個學生可以記過。有次午休時，我和軍樂社同學在樂器室打橋牌，被他抓到，被記了一支警告（本來是要記小過，還好樂隊老師去說情）。現在要是有高中生只是因為打橋牌被記警告，應該會上報吧！

高一到高二成績一直很差，不用功，不怕父親海扁嗎？當然怕，但是我發現一個漏洞。那時候成績單不會郵寄到家，是發給學生帶回家。我的招數是：塗改不及格科目的成績，然後找個好朋友蓋章，回家就說成績寫錯，學校更正後蓋章證明（反正老爸不認識我同學）。但是到了最後，就算有通天本領，留級是瞞不過的，父親知道後，倒是沒有懷疑每次成績都及格，怎麼會留級？只是直搖頭，問我以後會不會認眞讀書，我滿臉愧疚，點頭如搗蒜。

留級重讀高二，下定決心要認眞讀書，一開始物理還考了全班最高，讓老師和同學刮目相看，但是維持不了一個月，慢慢又鬆懈了。還是被課外書、音樂以及寫文章分散了專注力。有時上課想到某個進行曲，就在筆記本上試著抓出音符，或者想到李後主的詞，就模仿著塡一些強說愁的詞句，覺得自己很文青。還好成績勉強及格，跌跌撞撞升上高三。

高三時，父親再度命令我去補習，每天放學後就上補習班，但是不到一個星期，鬼迷心竅了，我把上課證打八折賣給了同學，他去補習，我放學後就留在學校，等時間到了才回家。留在學校的時間，不是在兩棟大樓之間的草地上和同學聊天，就是看小說，要不然就是在樂器室裡彈風琴。

父親一直沒有發現他繳的補習費已經進了我口袋，而這些錢我大多拿去舊書攤買書，例如：《厚黑學》，以及海明威、林語堂、張愛玲、王尚義等等的著作。記得還買了《相對論》，雖然讀得滿頭霧水，還是試著把它看完。父親可能太忙，一直沒有注意我書架上的書是怎麼來的，不然還眞難回答。讀大學時，李敖出獄了，往後他出的書，反而沒興趣看了。

那時高中畢業前，都必須通過「畢業考」，每科都要及格才可以畢業。我最痛恨的英文還是沒救，不及格是必然的。補考了一次沒過，第二次補考時，我知道一定還是完蛋，跑去拜託軍樂社老師幫忙。呼！最後總算爬著畢業了。這位老師大名是：黃明條老師。感恩！

參加大學聯考，心知肚明，不可能考上。考完試回家後，父親問考得怎麼樣？我回答：「還好。」等接到成績單時，父親的臉色青一陣白一陣，怎麼會是「還好」？簡直是爛到爆，滿分六百分，我只考了一百七十八分。

大學落榜了，父親問還想不想考？我回答：「想。」於是進了補習班。這次，眞的是覺悟了，全家因爲我不爭氣而籠罩在愁雲慘霧的氣氛中，也體認到姊妹們都只能讀到高商，自己再不爭氣，實在不像話！

四 重考

民國六十五年

留級加上重考，我把三年的高中讀成了五專。準備重考那一年，拋開了課外書、音樂，心無旁騖，全力投入「功課」。

補習班的學費並不便宜，一學期大約是八千元，我猜我的補習費主要來自姊妹們的薪水。全家人中對家庭的付出，就屬我最沒出息，完全零貢獻，大姊和妹妹是幫忙雜貨店顧店最多的，而二姊、三姊從高商畢業後就到報關行上班賺錢，妹妹後來高商畢業也一樣到報關行上班。有次妹妹和我說，她和姊姊們的薪水，每個月大約六千元，父親拿走三分之二之後，她們還要再給祖母一百元，剩下的才是她們的。妹妹說自己拿到手裡的錢還勉強夠用，但是如果生病看醫生，由於當時沒有健保，就一定不夠了，這時就要向父親借錢，等下個月領薪水再扣回來。

體認到自己的荒唐，決心要在重考時彌補對家人的愧疚。而補習班老師的教學實在有一套，教得沒話說，有條理又風趣。以往在學校上課打瞌睡是家常便飯，但是在補習班一年，沒有打過瞌睡。全心準備重考，生活乏善可陳，唯一的娛樂就是中午吃過飯，打彈珠台玩個十分鐘。每天的讀書時間少說也有十小時以上，緊跟著補習班的進度，全力準備不斷的考試，好幾次拿到全班的前五名。只是可惡的英文，已經救不回來了，決定放棄，準備用五科拼別人的六科。我選考的是甲組（理工科系），除了國、英、數三科，還有物理、化學，以及枯燥的三民主義共六科。我的算盤是：英文算零分，其他五科每科都拿百分之八十，例如：國文、化學、物理都八十分，共二百四十分；作文滿分三十拿二十分；理工的「數學甲」拿八十分，加權後是一百分；三民主義滿分五十拿四十分；全部加起來四百分，上國立大學沒有問題。我沒有把我的得分計畫告訴父親，畢竟這只是努力的目標。

補習了一陣子，有天從補習班回家，看到父親的臉色很不好看。原來是父親把我的聯考成績拿給朋友看，問這樣的成績有沒有希望？這位已經有小孩考上大學的朋友說：「那嗚摳玲（不可能）！」

父親臉色鐵青，問我到底能不能考上大學？我嚇得說：「應該可以。」

「到底考得上、考不上？」父親更大聲了。

「會！會！」這下我不敢再遲疑了。

後來我才知道父親將我第一年的聯考成績單，放在他褲子後面的口袋，整整放了一年，只要碰到有小孩讀大學的人（不論是客人還是路人）或是讀大學的大學生，就會拿出我的成績單問：「這樣的分數有沒有希望？」、「要怎樣補習？要補哪一科？」我猜想父親會如此殷切盼望的原因之一，應該是所有親戚的小孩都沒有能夠讀到大學，他一定要培養出一個讀大學的兒子，而我是他唯一的希望。

這一年，除了吃飯、睡覺，我就只讀補習班教的，不再分心看課外書或玩音樂。聯考前一個月，補習班辦理要繳費的模擬考，我參加了，結果考了二百九十二分，在三百位考生中排第十二名。

聯考終於來了，我信心滿滿的進入考場。物理如我預期考得不錯，化學就略微差一些，讓我緊張的是數學比歷屆聯考的難度高出許多，高標只有四十左右，我考五十幾分，只有我預計的六成。還好當時聯考都是選擇題，雖然有倒扣，英文還是讓我亂猜拿到了十幾分。

考完後和陪考的大姊回到家，父親問考得怎麼樣？我回答：「至少私立大學應該沒問題。」父親點點頭，沒有表情。

過幾天聯考的分數通知單終於寄來了，由父親打開信封，我很緊張的看著他，感覺整個拆信的過程像是慢動作那樣漫長，最後看到父親臉上露出了少見的笑容。我的分數是三百七十八分，比我的計畫少了二十二分，但是比第一年整整多了二百分。後來補習班把我二年的聯考分數影印，張貼在門口當廣告，我只顧著得意，忘了向補習班拿廣告費。

放榜後，上了國立台灣師範大學（以下簡稱台師大）化學系。全家歡樂的氣氛比過年還誇張，每個人都笑咪咪的。過了幾年，三姊才和我說：「當時眞怕你又落榜，眞要落榜，她們都不知道日子要怎麼過？」

其實我的分數可以上台清交比較尾巴的系，也可以上離家更近的成功大學化學系。會優先選擇台師大，不是因爲想當老師，而是高中學長的推薦。這位就讀台師大的學長吹長號，在我準備重考時，師大管樂隊到高雄巡迴演出，我和同學去聽了演奏會，當樂聲一響起，就有如神聖的音樂殿堂被揭開簾幕，樂曲傳入心中，令我撼動不已，那時就決定要優先選擇台師大。

放榜之後，父親叫我和他一起到宮廟還願，結果這個還願的行動花了三天，我事先不曉得父親到這麼多宮廟許願；北到北港朝天宮，南到楓港觀音寺，上山到大崗山超峰寺，下海則是坐渡輪到旗津的天后宮。還願的長途拜拜累得我筋疲力盡，我鼓起勇氣和父親說，一樣的神明在一間廟還願就好（例如：媽祖廟），不必每一間廟都去還願，父親只是點點頭沒有說話。結果大四畢業時，又再來一次還願拜拜，還好沒再衝到北港和楓港，只有在市區的廟拜拜。

五　大學

民國六十六～六十九年

第一次到台北，父母親陪著坐火車。為了省錢坐平快車，晚上十點上車，隔天早上八點多才到台北車站，累個半死，坐飛機足夠繞半個地球了。

到師大路的宿舍報到後，買了日用品，父母親叮嚀半天才離開。一間宿舍擠了六個人，房間電燈和書桌的檯燈是按鍵開關，沒有插座，沒有電扇，更沒有冷氣、電話。有時候和學生講我讀大學時，住的宿舍沒有電扇和插座，學生的反應都一樣：瞠目結舌！由於我怕熱容易流汗，所以只要天氣一熱，晚上就睡在有電風扇的交誼廳。而有些同學則會偷接電；將書桌燈的開關拆開，接兩條電線到電風扇。但是學校嚴禁私接電線，而且晚上十一點熄燈後，什麼電也都沒了。

隔天早上，完成新生報到後，就直衝「管樂隊」攤位報名加入社團。和隊長聊天時，爸媽又出現，嚇了我一跳，不是回家了嗎？原來爸媽不放心，沒有馬上回家，找了一家旅館住，隔天到學校再看看我。中午一起吃過飯，父母親終於回家了，當天，我沒有打電話回家問他們平安到家了沒？因爲忙著認識新的人、新的校園，以及呼吸自由的空氣。

由於重考時的努力，大一的普通物理、普通化學都很輕鬆。雖然用英文本，但是只要把習題少數的關鍵字看懂，就很容易應付考試。微積分雖然是新科目，但是只要看懂算式，也不是很難，唯一麻煩的，還是該死的英文。期中考考完，教英文的教授沒有發考卷，而是一一報分數，報到我的時候，還眞仁慈，問我要不要把分數報出來？我說不用了，心知肚明，不可能及格。結果學期成績是：二十二分（這個分數挺好記的）。學校規定上學期成績不到四十分，下學期就「擋修」，只能重修（現在大學沒有擋修這回事）。直到大三，我修了學校為英文爛透的學生開的夜間班，不敢再翹課，硬背了一些單字，加上教授大發慈悲，兩個學期都給六十一分通通過。呼！總算有驚無險過關，當時很開心的想說：終於擺脫了英文的糾纏，這輩子不用再受英文的折磨了！完全沒想到再過二年，我會拿起厚厚的一本《如何捷進英文字彙能力》用心的背單字。

讓我驚訝的是大一的必修課，還包括了：中國通史、國父思想、四書，都是一年二學期的課，到了大二還有一學期的中國現代史。戒嚴時期的政治思想管控，到了大學還是如影隨形。事實上，我很喜歡閱讀歷史故事，包括：中國各朝代的興衰更迭、帝后將相的宮闈爭鬥、大臣之間的黨同伐異，都是我感興趣的，但是我喜歡的是「故事」，不是要去記憶歷史事件的年代人名、歷代郡都、外戚黨爭等等的細節。

大二到大三是課業最繁重的階段。大二是有機化學、分析化學；大三是物理化學、無機化學。這些科目都是重頭戲，但是我大部分時間都聽不懂，或者說教授沒有講到讓我聽懂。當時不少教授是隨著國民黨來台灣的大陸學者，例如：分析化學教授來自江西，他的口音對我們實在有如外星語；有機化學教授的口音還比較聽得懂，但是教授只是照著教科書講課，一邊講一邊慢慢地寫，不想打瞌睡都難。物理化學教授比較年輕，國語也很標準，但是講話輕聲細語，相當催眠。當然，我的成績不好，包括：有機化學補考一次、物理化學重修一學期、分數都是低空飛過等等，其實不能把責任全都推給教授，我經常翹課也是主要原因之一，一直很佩服那些有耐心乖乖上課的同學。

每學期一開始，知道上課的教科書之後，就立刻到書店林立的重慶南路，找主修科目的翻譯本，結果只有找到有機化學的翻譯本，物理化學找到的是不同版本的翻譯本。有了翻譯本就比較放心，但是還是沒有習題解答，如果有習題解答，只要將習題做完，就不可能不及格。事實上，教科書的書商一定會給授課的教授習題解答，但是教授並沒有給我們。沒有習題解答，每次考試前，同學們就會聚在宿舍交誼廳一起研究，但是做了半天也不曉得對不對。況且習題的題目很多，不可能全部做完。後來我當了教授，教授有機化學，一定會把習題解答的檔案給學生。

此外，最讓我氣憤的是：有些教授會要求背公式。例如：普通化學最後幾章是量子化學，期末考的考試居然沒有給薛丁格的波動方程式，就要求我們計算粒子的動能；而物理化學沒有給普朗克公式，就要求我們計算黑體輻射的頻率。當場很想問教授：「您自己有背公式嗎？有哪個科學家會刻意去背公式？」後來我當教授上教育統計的課，考試時一定會附上公式，連標準差的算式都有，只是沒有註明公式中各個代號的意義。

由於台師大是公費培育國中老師，師範生每個月都有六百元公費，再加上父母親寄的一千元，照理說應該是夠用的（自助餐一頓約十五元）。但是由於喜歡買書，又喜歡看電影，每到月底就常會捉襟見肘，雙手在口袋發燒。當時化學系在師大分部上課，師大分部的圖書館規模不大，還是採用閉架式管理，但是也是借書借到櫃台小姐讓我進入書庫自己找書，我找的書以小說爲主，爲了寫報告而借的書不到十分之一。除了借書，我還經常買書，在大學階段看的書大多是翻譯小說，因爲當時台灣有一股翻譯美國寫實小說的風潮，我至少看過三十本以上。還有到漫畫書店租漫畫，例如：《好小子》、《原子小金剛》、《三眼神童》、《怪醫黑傑克》。

大一寒假時，班上二位住台北的女同學相偕到南部玩，住南部的同學也講好一起玩幾天。我不曉得哪來的勇氣，居然請兩位女同學來我們家住，她們也答應了。當天晚上從火車站帶她們到了我家，看著她們在二樓爬上半樓仔，和我的四個姊妹擠在四坪大的空間，我就發誓再也不會帶同學來家裡。隔天，兩位女同學很有禮貌地和我們說謝謝。帶她們到火車站的途中，我很想向她們說抱歉，委曲她們了，但是始終沒有說出口。

大一放暑假回家，父母親一早四點就起床到魚市場批貨，姊妹上班，我則在家照顧大姊的第一個小孩，以及行動不便的祖母。這年暑假，我學會了煮菜、煎魚。接近中午時，我騎腳踏車載小外甥到市場，和父母親拿了一些魚回家，準備午餐；和祖母吃過午飯，再等父母親回家後，就是我的自由時間，不是泡一票兩片的電影院，就是到樂器行租電子琴玩（一小時十元）。

大二時，二姊到台北工作，住在一位同事的親戚家，有次二姊來宿舍看我，但是無法事先聯絡（手機還沒出現），而我為了減少口袋的壓力，忙著兼家教，二姊在會客室等了二、三個小時。現在想想，心頭一陣心疼和愧疚。二姊在台北工作半年後，還是回到高雄。

大學四年期間，時間主要花在社團、電影、課外書，尤其是管樂隊。管樂隊有一半的成員是音樂系學生，每週在禮堂的團練我一定出席。我在大四甚至修了音樂系的「管弦樂合奏」課，一個學期都拿到八十七分。如果其他科目也有這樣的好成績，應該會拿到我從來沒拿過的獎學金。大三時被選為隊長，同時還參加了救國團的幼獅管樂團，成員是北部大專院校的學生，因此我的課餘時間幾乎都花在管樂上。大三寒假，師大管樂隊決定辦理已經停了好幾年的巡迴演出，於是我這個隊長開始安排行程、住宿、交通，以及找贊助。這段時間曾經自己一個人跑到高雄、台南的扶輪社、獅子會尋求贊助，也到溪頭、嘉義確認住宿點是否合適。從當隊長的經驗，我知道自己不適合當領導人，並不是我不會做事，而是無法做到曾國藩的名言：「辦大事者，以多選替手爲第一義。」我不會或不願分派工作，只會埋頭苦幹，不是辦大事的將才。忙了半天，還好有兩位隊員的家長是獅子會，再加上學校的補助款，巡迴演出終於辦成了。

巡迴演出第一場先南下到高雄，場地是高雄中學的禮堂。演出時，四個姊妹都來了，演奏會結束，姊妹說吹得好棒，尤其是「虎膽妙算」很震撼，讓我挺得意的。整個巡迴演出令人印象最深刻的，是在台南縣佳里鎮，我想應該是小鎮從來沒有音樂團體來演出過。當天晚上整個禮堂擠滿了人，演奏會結束，聽眾一直大聲喊安可。安可三次之後，我只好站出來說時間已經太晚了，我們以後會再來拜訪和演出，好不容易才結束演奏會。

大三升大四的暑假，隨幼獅管樂團到美國北達科他州（North Dakota）參加第二屆青年管樂比賽，拿到 3A 首獎，比賽後在美國各州巡迴演出，前後共五十天二十八場。這是我第一次出國搭飛機，心情興奮雀躍，也開闊了眼界。記得小時候巨人少棒拿了世界冠軍後，到「迪士尼樂園」玩的電視報導，這個報導讓我羨慕到一直做夢，沒想到自己可以圓夢。

但是在美國的巡演也有很難捱的時刻，就是住「接待家庭（host family）」。我們每兩位團員為一組，每到了一個小鄉鎮就分配到接待家庭，記得第一次住接待家庭時，我口渴想喝個水，向看起來很慈祥的女主人說：「water.」反覆講了三次，她還是聽不懂我的意思，只好用手指向水龍頭，她終於懂了。第一次和外國人講英文，而且是簡單的 water，對方居然聽不懂？讓我充滿了挫折感。另一位團員是台大學生，英文相當好，於是和接待家庭的聊天與溝通，都是由他發言，我大多在一旁乾瞪眼。

在大三暑假，由於父親賣魚有了積蓄，我們第五次搬家，離開了市場的小房子，搬到高雄醫學院對面，號稱別墅型的透天厝。父親第一次沒有蓋半樓仔，我也終於有了自己的房間，雖然是頂樓加蓋鐵皮屋，夏天時熱得有如烤箱，但是我相當高興有了獨立的空間。而且姊妹們也都已經結婚，從此再也沒有搬家了。

即將畢業，有些同學準備實習後，要出國或考研究所，我只等著畢業的實習與當兵。出國是別想了，除了不想增加家裡負擔，我的英文也考不過托福。考研究所也不可能，成績太爛怎麼考？

越接近畢業，我的心情越鬱悶不樂，父親需要我完成的「任務」是：就業、結婚、生個孫子給他抱，並留在父母身邊奉養他們。未來已經定型，對於父母親的期待，於理我不應掙扎，於情我不忍掙扎。我能做的規劃是：未來畢業當老師後，到補習班兼課，再想辦法成爲名師，賺錢！

四年下來，我的學業總平均是 70.40 分，全班倒數第三名。

六 實習老師

民國七十年

當實習老師的一年，在我人生軌跡中留下深刻的烙印，不是悲傷或苦痛的痕跡，而是五味雜陳的生活體驗。

在台師大讀了四年只是結業，還要當一年的實習老師才能拿到畢業證書。大四的最後一個學期，要塡寫分發實習學校的志願，然後三所師範大學的結業生會依在校成績轉換爲T分數，再以T分數的高低依序分發。我塡寫的第一志願是高雄縣市，其次是台南縣市，畢竟我的終極任務是回高雄奉養父母。

分發結果是令人失望的新竹縣市，至於是哪所國中還不知道，需要到新竹教育局進行分發學校的程序。當天到教育局時，一看到名單列表就知道麻煩了，在總數約三十位實習老師中，我排在倒數第三！隨著依序一一唱名選擇學校，市區的學校逐一被選走。輪到我時只能選一所山區國中：新竹縣五峰國中。學生主要是原住民（包括：泰雅族、賽夏族），到學校要在新竹火車站搭客運車到竹東，在竹東再轉一次客運車，途中經過檢查哨時，會檢查入山證（入山證要事先在竹東辦理），包括等車，全程需要約兩個小時。

回家報告分發結果後，父母親也沒怪我不認眞讀書，被分發到「深山林內」，還說到學校報到時，要和我一起去學校看看。我嚇一跳，想說都幾歲了還要跟？鼓起勇氣和父親說：「一個當老師的還要父母帶著去學校，會被人家笑，不如等安頓好了，再找個假日來學校。」父親答應了。

大約一個月後，父母親到新竹看他們的寶貝兒子。當天到新竹火車站接他們，再轉兩次客運車到學校。我帶父母親參觀學校、教室以及我的宿舍，沒十分鐘就看完了。然後母親就哭了，說這裡這麼「稀微」（寂寞冷清之意）是要怎麼過？父親則是沒什麼表情。我安慰母親：「這裡很安靜、很安全，而且也是暫時的，教個兩、三年就可以申請調學校了。」其實當時我根本不知道何時可以回高雄教書，更不知道何時可以實現我當補習班名師的美夢。

就偏鄉地區而言，五峰國中規模已經算不小，每年級有兩個班級，每班學生大約二十多位，教職員共十七位。學校有兩間單身宿舍，每間大約三坪，上廁所要到對面的校長宿舍。我住一間宿舍，另一間宿舍是教了五、六年的數學老師。宿舍的二樓則是學生宿舍，以及女老師宿舍，全校約有三十多位住校生。

學校在上課期間，有歐巴桑煮營養午餐，以及住校生的晚餐，所以平時不必自己準備三餐。到了例假日，就要自己解決民生問題，不是自己煮就是到學校下方，位於縣道公路旁的麵攤解決。我帶到山上的「課外書」只有一本，以前一直沒看完的《紅樓夢》。在遠離人群、遁世孤離的山上，終於進入了曹雪芹的迷人世界，金陵十二金釵陪伴我度過許多寂靜的夜晚。

平時的例行工作主要是：教學、管理住校生、值班。每到周六，學生放學後，學校就空無一人，住校生也都回家了，而其他老師不是住竹東就是住新竹，就連住宿舍的數學老師也會離校外出。但是例假日晚上需要有教職員值班，以免有緊急狀況發生，例如：火災、偷竊學校財產之類的事情發生。結果值班的任務經常就由我擔任，因爲我住得最遠，不方便常回家，因此輪到其他老師值班時，都會自動的問我能不能代爲值班。而我總是答應，反正兩、三個月才回高雄一趟，平時也沒地方可以去。

值班的工作很單純，就只是待在辦公室看電視，偶而拿手電筒到走廊和教室巡邏看一看，晚上就睡在値班室。說起來很輕鬆，但是剛開始很不習慣，尤其是我到學校報到的第一天，還沒熟悉環境，居然就要我値班。教職員全都下班離開學校後，當天晚上校園就只有我一個人，値班室外漆黑一片，萬籟俱寂，空氣中只有蟲鳴蛙叫，因爲孤獨的侵蝕而產生的不安，隨著夜深逐漸增加，讓我整晚開著燈，睡得很不安穩，尤其廁所在値班室外五十公尺遠，拿著手電筒走過去還要注意不要踩到蛇！曾經看過最大的蛇是龜殼花，而青竹絲也出現過一次。一直到開學過後一個月左右，才慢慢習慣，値班時不用再整晚開著燈。

平時除了教學，住校生的管理是相當頭痛的工作，因爲偶而就會有學生溜到山上喝酒，防不勝防。有時則是喝了酒的年輕人來學校鬧事，雖然不是尋仇打架，只是來找弟妹胡言亂語，但是也挺麻煩的，要費口舌請離學校，更要提防闖進女生宿舍。另外，有時學生身體不舒服（肚子痛的例子最多），臨近學校的衛生所無法處理時，就要送下山到竹東的榮民醫院，每學期大概總有二、三次。有一次，學生盲腸炎開刀，我整晚陪在醫院。

我擔任理化的教學，以及三年忠班的導師，一開始我的目標是幫助學生考上就近的竹東高中，然後再考大學。但是不到三個月，我就發現這是不切實際的理想，因爲除了學生的基礎不好，生活環境也不太可能支持他們升學，至少絕大部分的學生不會或不可能升學。我詳細的翻閱學生的個人資料，還有從數學老師的閒聊中，發現單親家庭不少，有的是父母離婚或是離世。加上經濟因素和生活習慣，絕少學生會升學。學生的家庭與生活習慣，從以下學生繳交的日記（寒假作業）可以略窺一二。

• 上午大人們集團在外邊聊天，原先是說自個兒以往的歷史，不知怎搞的，說是這樣聊天也沒意思，就推二阻四的叫人下檢查站買酒……。回來時，見到嫂嫂叫痛，原來是剛喝雞酒，哥哥背著嫂嫂走下山，看媽的臉色想哭的樣子，而我心跳個不停，快把我給嚇昏了。（女生甲）

•今天是大年初一，中午家裡可眞熱鬧，桌上擺著幾盤菜幾碗湯，客人三三兩兩的過來，喝了幾個小時，個個都醉的走回家……表姨丈喝得特別醉，硬要我和姊去和他女兒聊天，可眞煩人。（女生乙）

•從今天開始，就是寒假了，我內心好興奮喔！本想好的出去玩，不過卻被我老爸喊去，叫我和媽媽去山上除草……我和媽媽吃過飯，便扛著刀子到山上去了，那山路實在很難走，尤其上坡路最多了，到了那裡我幾乎連站的力量都沒了。（女生丙）

•還不是一樣天天上山工作，雖然很累，但很高興，今天早上，一大早就上山，在半路碰到登山隊，看他們走路眞可憐，我們一個個的追上去，最後我們都趕上，和他們說，加油吧。（男生甲）

•今天一整天都泡在田裡工作，眞把我累壞了，回家之後很快的燒水，水熱之後就倒在盆裡，關好了門就洗澡了，我一面洗澡一面哼著歌聲，眞有趣，洗澡完後就換上衣服到二樓寫作業。（男生乙）

•今晚，和表堂哥們一起打通宵，一整夜沒睡，一起喝酒，喝一喝好幾位都倒了下去，喝酒醉了，我和表哥偷舅舅的山地酒來喝，我一喝就倒了下去。（男生丙）

另一方面，我發現學生很喜歡唱歌，原住民擁有好嗓子確實不假，有一位小個子又頑皮的二年級男生，嗓音很低沉渾厚；此外，具有再現張惠妹歌聲的女生也不少。後來學生教我一首泰雅族的歌，旋律相當優美，是追思祖先的歌，而歌名與作曲者已失傳。後來我在當兵時，有感而發，寫了一篇短篇小說《山曲》，這篇小說附於書後，也附上這首歌的簡譜。

民國七〇年代，老師只能算是一個穩定的工作，薪水屬於中下階層，不像現在大家擠破頭想當老師。當時我的薪水九千多，每個月寄六千回家，一年後，我的存款是零。值得一提的是：校長提報我爲當年度優良教師，這是我求學以來得到的第一張獎狀。

可能是受幼年生活困苦的影響，父親的理財觀念非常保守，把錢存在銀行都還不放心，怕銀行會倒，父親相信最佳的保障是黃金。在改行賣魚獲利較高之後，再加上我寄回家的錢，母親曾經建議父親，投資買店面或是買房子，但是父親總是說：「黃金可以換錢吃飯，磚塊可以吃嗎？」所以父親陸續將存款買了黃金，將黃金藏在一樓祖母床舖下的木條橫杆上。多年之後，眼看著房價暴增，父親雖然後悔，但也自我安慰：不是有錢人的命就認了，夠用就好！

實習結束之後，回家等著當兵入伍，有一位考上文化大學研究所的大學同學到家裡找我聊天。他回去後，父親用平靜的口吻問我：「你怎麼不考研究所？」

我愣了一下，心裡想說：「我不是應該早點結婚生子嗎？當兵兩年後是二十七歲，再讀研究所畢業就二十九歲了，您等得及嗎？」

我心不在焉的回答：「沒有想到。」

父親沒有再追問。那一天，我想了好久：要考研究所嗎？還是就此定型未來？我喜歡山上的孩子，但是不習慣山上的環境。如果想調回高雄，累計的年資不曉得要幾年才能成功請調？或許，考研究所才是最快的路徑。

隔天，我和父親說我要考研究所，父親很堅定的說：「好！」

七 當兵

民國七十一～七十二年

當兵抽到海軍，先到左營接受一個月的新兵訓練。新兵訓練時，就已經心理建設是來受苦的，是來被班長罵著玩的。所以雖然出操很累，但還沒到無法忍受的程度，而同一班的弟兄就有三個被罵到哭。最痛苦的是寢室沒電風扇，就寢時，班長還巡視檢查，是不是每個人都蓋好棉被。我克服的方法是：全身塗綠油精，感覺涼涼的睡著後，到了半夜，天氣有了涼意也就沒問題了。到了現在，當兵不僅寢室有冷氣，而且天氣超過某個溫度還不用出操，真是羨煞了我們這些老兵。

在入伍之前，「國防部示範樂隊」會辦理招收新兵的考試，我辦名參加了，雖然不會公布錄取名單，但是我知道憑自己的資歷，加上沒有音樂系學生主修上低音號，我一定會被錄取。所以新兵訓練結束前一週，就收到通知要到位於台北市基隆路的國防部示範樂隊報到。我被分到第一分隊，報到第一天就出任務到總統賓館的國慶晚會演出。往後，除了偶而到松山機場迎接外賓、總統府升降旗（每三個月連續二週）、雙十節的國慶任務，以及偶而的練習與演出之外，剩下的時間都是自己的。

服役期間生活很規律，和重考大學時一樣單調。每天早上點完名，就抱著書本到福利社，叫杯咖啡坐下來K書；晚上則在寢室旁的讀書間繼續努力。由於都是大專兵，不少隊友準備出國或是考研究所，這樣的氛圍讓我能全心投入「課業」。沒有出任務的時候，每天讀書的時間至少是八小時。而除了K書，也抽時間寫寫散文、短篇小說投稿到報紙，賺點稿費。兩年來在報紙發表了兩篇短篇小說（附於書後），以及三篇散文。

我知道考研究所不能再放任英文不管，因爲就算考上了，不會讀文獻，不會讀原文書，還是畢不了業。爲了補救破爛的英文，開始認眞的背單字，背得相當辛苦，因爲我是一個字母、一個字母的背。直到讀研究所，才驚覺背英文單字應該以發音的方式記，而不是逐一的背字母！這點從來沒有老師提醒我（也有可能是我愛打瞌睡沒注意聽），印象最深刻的是，國中補習班老師用韻律式的方式教：**r-e-s-t-aur-ant**（餐廳），我一下就記住了，以後就一直以背字母的方式記單字。雖然兩年期間背了不少英文單字，但是文法，以及聽、說、寫都沒有一點進展。

研究所的錄取率依不同學校大約在百分之十至百分之三十，比考大學的難度更高。第一年考研究所，當成準備與適應階段，所以不出意料沒有考上，畢竟一年就要救回四年的生疏是不可能的任務。

持續投入課業，認真做完所有原文書的習題、蒐集考古題，準備考第二次。最讓我擔心的是：不少研究所除了筆試，還有口試，而口試經常會問在大學時有沒有做「專題研究」，也就是有沒有和教授做過研究？如果問這個問題，我就掛蛋了，在大學時我只求成績及格，哪有心情找教授做專題研究？

第二次赴考，報名的五所研究所，有三所只看筆試成績，沒有複試（口試）。輔仁大學有口試，果然教授就問我大學有沒有跟老師做過專題？進過實驗室？我說沒有，然後就沒再問問題了。莎喲啦哪！沒有上榜。

沒有複試的大學，我就比較有把握，例如：文化大學，我有機化學考了九十一分，差不多就註定上榜了。台師大化學所也沒有複試，我有機化學七十幾分、物理化學和分析化學大約六十分左右，結果是備取，後來遞補錄取。而交通大學有複試，經過初試的篩選後，我進入了複試。交大的複試包括國、英二科的筆試，以及口試。考英文時覺得八成考不過別人，心想大概是完蛋了。口試時，教授問我的興趣是哪一科？我說：「有機化學。」另一位教授跟著問：「那你寫一下 Aldo

Condensation的反應機構。」這是個典型的反應，我讀了不曉得幾遍，於是在白板上立刻寫了反應機構的步驟，並說明過程與原因，然後就結束了，沒有問大學有沒有做專題的問題，我鬆了一口氣。過幾天，父親打電話到部隊，說我考上交通大學了，我很開心，口試時迅速的寫出反應機構，應該讓我加了不少分數。

雖然我也錄取台師大，但是最後我選擇了交通大學的應用化學研究所，而這個選擇成就了我未來的人生：認識了老婆！

八 碩士班

民國七十三～七十四年

考上研究所之後，對自己逐漸產生信心，心境也更爲開朗。之前我預設立場，畫地自限，認爲父母親一定會把我拴在身邊，只重視傳宗接代的想法，原來都錯了！他們讓我自由的選擇自己的路，又毫不猶豫的提供支持。雖然一路走來跌跌撞撞，但總算柳暗花明，有了新的開始。我心境上的轉變，一位大學老朋友就說我變得更開朗幽默了。

在那個年代，研究生每個月可以領到教育部發的三千元研究費，而台灣經濟已逐漸起飛，理工研究所的學生，畢業後必然找得到工作。參照學長們的出路，我預估畢業後的工作，應該是到工研院、中山科學研究院，或者是到化工廠當工程師，完全沒有規劃再繼續讀博士班，我甚至還和同學說：神經病才會去讀博士班。

在交通大學就讀的研究所，位於光復校區，在七月中還沒開學時，我就到了學校，因爲研究所有一位台師大的學長，推薦我找他的指導教授指導論文。這位教授的專長是有機合成，正是我最有把握的，因此我也成爲這位教授研究室的一員。爲了提早適應與學習，學長建議暑假就到實驗室見習。開學之後，我參與指導教授的計畫，每個月又可以多領三千元的研究費。

交通大學的氛圍令人感覺很開闊，沒有拘束感，新建成的研究生宿舍（研一舍）空間相當寬敞明亮，大約八坪的房間只住兩人；落地床鋪，睡覺不必爬上爬下。而且，沒有門禁，也沒有熄燈時間。

碩士班兩年的時間，大多待在實驗室，還有每週的 group meeting。在讀文獻時，不認識的英文生字還是很多，拼命翻字典查生字，勉強可以應付。還好碩士班不必修英文，不然我應該會作惡夢。我不敢像大學那樣混，而是戰戰兢兢的讀書、做實驗。除此之外，查文獻是很重要的基本功，印象深刻的是：當時查化學文獻，都是紙本，首先翻閱關鍵字在哪一本索引，再由索引找文獻是在哪一本期刊，然後再到書庫去翻出該本期刊，最後拿去排隊影印。圖書館有一位小姐專門負責影印，把期刊放在排隊的隊伍中，然後去吃個飯，再回去付錢拿文獻。所以查文獻經常一耗就是半天。不像現在只要輸入關鍵字，幾秒內電腦螢幕就跑出一堆資料，而且大部分還可以直接下載全文到隨身碟，五分鐘搞定。

我的論文是做一種天然物的全合成，做有機反應的實驗很花時間，需要的實驗技術也相當繁瑣。不像高中的實驗，把乙酸、乙醇加在容器裡加熱，然後生成物乙酸乙酯，就會從冷凝管滴下來那麼簡單。問題經常出在「分離與純化」，反應後的產物，會蒸發經過冷凝管流下來的情況少之又少，經常是和溶劑與剩餘的反應物混在一起，這時候就要依狀況用過濾、減壓蒸餾或萃取等等方法分離出產物。初步分離後，純度經常不夠好，還要再經過純化，例如：再結晶、減壓濃縮、管柱色層分析等等。完成一個反應步驟，至少也要花兩個工作天以上。這是實驗步驟已經確知的情況，也就是前人已經做過的實驗。如果是自己研發的實驗，就要靠自己摸索實驗步驟，包括：溶劑種類、加熱溫度、反應時間等等，花個三個月都算很快。其實當我完成實驗、寫完論文時，我就偷偷和同學講，以後不敢再碰有機合成的研究了。

由於交大應用化學所是剛成立不久的研究所，學校有關化學的文獻比較少，我和同學都會走「清交小道」，到隔壁清華大學的圖書館找文獻。兩校會共享資源，也會彼此競爭，例如：梅竹賽。我參加了一次研究生的梅竹賽，是撲克牌的「拱豬」。比賽中有一局我看出對方企圖紅心全逮，於是用紅心K咬下，破壞全逮，又讓對方吃到豬。另一桌的隊友則是順利全逮，結果我們大勝，這是一件我頗為得意又四處宣傳的芝麻小事。另一方面，仍不忘情於寫作，研一時學校辦理「學生小說獎」（現為「藍花楹創作獎」）徵稿，抽空寫了一篇有關父子互動的短篇小說《另一種愛》（附於書後），內容是我對父親情感的投射，結果沒有得到名次，只得到佳作，這件事我就沒到處宣揚了，畢竟只是佳作。

好不容易做完實驗、寫完碩士論文後，以手寫的論文稿子要送到打字行打字，等過幾天打好字再去校對，校對完畢修訂確認後再送印，來來回回幾次，論文最快也要一個月才能送印。

在交大發生了影響我人生最關鍵的事，那就是：認識了同班同學的老婆！老婆小我四歲，從報到開始，我就注意到這個愛笑的女孩，有時還笑到滿臉通紅。雖然屬於不同的研究群，上的課重疊性不多，但我總是想盡辦法接近她。冬天的新竹相當冷，我會找藉口請老婆來宿舍，和同學們一起吃火鍋（有時是煮貢丸）。逐漸的，這個女孩知道我喜歡她。有一次，我直接了當說：「我很喜歡妳耶。」老婆笑一笑，沒有迴避我。我知道有希望了，真令人開心。

老婆是花蓮人，從小就是學霸，國小是全校模範生，國中模擬考全校第一名，後來到台北讀北一女。第一次領教老婆的學霸威力是：有次和她修同一門課，期中考時，老婆沒半小時就交卷了，還得滿分！我一直寫到鐘聲響起，也只比及格多一點。還好，和老婆的研究領域有差別，重疊的課不多，要不然還真不知道要被羞辱幾次？

畢業時，彼此已經認定對方就是未來的伴侶，只是老婆擔心母親的態度，我一直認爲不是問題，後來才知道老婆的擔心其來有自。畢業典禮時，父母親第一次看到老婆，他們很高興也很滿意。丈母娘也到學校參加畢業典禮，但是和我父母「相敬如冰」，我才開始覺得大事不妙。

當兵兩年的補救，讓我的專業知識得到指導教授的肯定，而且我也很認眞的完成實驗，最後；我是班上第一個通過論文口試的研究生。畢業後，先是應徵工研院的化學所，但是面試當天，鬧鐘居然罷工，結果遲到了半小時。遲到當然給人印象不好，我丟掉了留在新竹工作的機會，但是老婆卻拿到了位於新竹的工研院工作。沒多久我應徵到台塑的工作，到高雄縣的林園廠當工程師，和老婆相隔兩地。

在台塑工作不到一星期就覺得不習慣，很懷念當實習老師時和學生的互動，深刻覺得校園環境比工廠更適合我。後來在報紙分類廣告中，看到省立台中師專徵聘一位化學專長的助教，父母親也知道我不喜歡工程師的工作，於是找投了履歷表。面試時，校長只問了我三個問題：

「在台塑當工程師的薪水比當助教高，爲什麼願意來當助教？」

「我不喜歡和機器相處，我喜歡和學生相處。」

「讀研究所時，爲什麼選擇交大，不選擇台師大？」

「因爲交大的理工招牌比較響亮。」

「你有女朋友嗎？」

「有！」

過了三天，省立台中師專通知我報到。

參

職場生涯

一 助教

民國七十五～七十九年

民國七十五年到省立台中師專當助教，負責化學實驗室的器材管理，以及五年級畢業班的化學課，一週只有三堂課。科學樓的辦公室只有我一個人，花了近兩個月將凌亂的實驗室器材與藥品整理好，之後空閒的時間不少。實驗室有一台使用 DOS（Disk Operating System；磁碟作業系統）的個人電腦，我將時間用來自學程式語言 Basic。學了半年，寫了一個乒乓球的遊戲程式，也寫了一個「實驗室管理系統」用來管理實驗室的器材，後來系上就安排我上 Basic 程式語言的課。DOS 與 Basic 目前已經被淘汰，但是一直覺得 Basic 在實用上雖然比不上 Excel，但是對於訓練邏輯思考是很好的工具，可以培養學生學習目前很受重視的「運算思維」（Computational Thinking; CT）。

工作了一年之後，老婆順利拿到台中的修平工專當講師的聘書。既然我們都在台中工作，父母親開始催促結婚，當年我已三十歲，雙方家長以電話來回商量了幾次，好不容易丈母娘同意我們去花蓮拜訪。

我和爸媽搭火車到花蓮，當天先投宿旅館，隔天再登門拜訪。結果，丈母娘的回答是：「女兒還小，再等等！」父母親說破嘴，還是無功而返。由於老婆的父親很早就去世，母親一手將她們四個姊弟帶大，身為大女兒的老婆一直希望能得到母親的祝福，希望再努力看看。

拖了半年，丈母娘的態度還是一樣，主要原因是：希望女兒能嫁給當醫生的乾兒子。後來老婆曾經寫信給這位醫生，說明她已有交往對象，希望他能幫忙說服母親答應和我的婚事。

但是婚事一直得不到丈母娘的首肯，和老婆商量真的行不通，就去公證。這期間寫了一封信，希望能打動丈母娘，這封信原稿還留著，因為寄出去的信，是經過老婆的潤飾後重新謄寫。信的內容是這樣：

X媽媽您好：

好久沒有問候X媽媽，疏忽之處，敬請見諒。

和YH的事一直讓您掛心，晚輩深感不安，三年多來，和YH彼此都有共同追求幸福的希望，互相關心，互相尊重和信任。

晚輩深知爲人父母之不易，尤其您對子女栽培的心力百倍於一般的父母，YH不應違背您意，晚輩也希望家庭和樂，您能喜悅滿懷。唯和YH多年培育之感情，彼此皆難以割捨，希望您能應允我們的婚事。

家父年屆六十，雖然受教育不高，但觀念開朗明理，所求唯僅「家和」兩字，其對家庭之責任心，已爲晚輩往後持家之本。家母性情亦是豁達，對子女從無逾越之要求或嘮叨，此點，X媽媽您儘可放心。畢竟，家父母亦嫁了四個女兒，將心比心，自能拿捏爲人公婆之道。他們也常說：「兒女永遠是兒女，沒有嫁出去就離斷之理。」人生若能溫飽滿足，家庭喜樂，子女健康上進，夫復何求？

晚輩未來計畫是希望明年初能和YH結婚，並爭取在職進修博士班之機會，以做爲升等教授以及當系主任之後盾，YH 在學校亦可爭取在職讀博士班，再升任大學副教授。婚後，晚輩及家人在經濟上並無求於他人，YH 在經濟上可以自行出入。

晚輩如有缺點，也請 X 媽媽您多指點，我了解您的出發點都是替 YH 著想，我也希望能做到您的要求。（這一段是老婆加的）

晚輩及 YH 極希望能得到您的首肯，攜手共赴嶄新的人生。　謹此

這封信寄出後，仍然得不到丈母娘的認同。最後我大姊和丈母娘，終於在電話兩頭翻臉吵了起來，我的心情跌入谷底。

過沒幾天，出乎意料，老婆來電話說媽媽同意了。後來我才知道，翻臉那一天，老婆就在電話旁，聽到母親與我大姊的爭執，老婆沒有說什麼，只是哭著演了一齣「雨中出走」記，丈母娘跑出去把她追回來後，態度有了轉變。所以，基本上丈母娘是疼女兒的，我從來沒有怪過她。

婚禮很簡單，嫁妝、聘金幾乎是零，迎娶新娘的兩輛「車隊」是親戚的，婚

宴席開十二桌，沒有主婚人、來賓致詞那一套（反正和老婆也都討厭那些無聊的儀式）。碩士班同學很羨慕我，說我一個留級生居然娶到了學霸。

婚禮當天，燒香祭拜祖先時，父親哽咽了，這是第一次看到一向嚴厲的父親紅了眼眶，但是父親從不准我們提他哽咽的事。

我一到台中工作，父親賣掉大部分的黃金，用掉大半生的積蓄，買了一間位於二樓的舊公寓，室內大約有二十坪，我和老婆都覺得很滿足，只是婚宴的那一天廁所漏水，還淹到臥房，眞是煞風景！我遺傳了父親的木工專長，家裡的書櫃、電視櫃、廚房餐具櫃，都是我買木板釘的，有的還貼了木皮，自己相當得意。

當助教的薪水不到兩萬，老婆懷孕時怕熱，於是分期付款買了一台冷氣機，這也是我生平第一次睡有冷氣的房間。婚後一年半，早產一個月的兒子來報到，還好平安健康，父母親樂壞了，丈母娘也很高興。襁褓中的兒子交由經驗豐富的大姊帶，一方面也算是娛親，我們每隔一或二週回高雄看小孩。

其實以休閒興趣而言，我和老婆幾乎是南轅北轍，我喜歡看電影、聽古典音樂、玩橋牌、讀雜書；而老婆喜歡唱歌、爬山、繪畫。但是共同的興趣是「玩小孩」；兒子大約三個月大時，和老婆突發奇想，餵兒子吃酸得要命的「優格」（本來計畫是檸檬汁），小嬰兒看到食物自然張口就吃，結果兒子五官馬上皺成一團，身體還抖了一下，我和老婆樂歪了。有次老婆更誇張的在床上裝鬼，嚇得走進臥室的四歲兒子叫聲淒厲的逃出來，我也嚇了一跳，以爲發生了什麼意外，唸了老婆一頓。除了玩小孩的共同興趣，對於「人」的直覺，和老婆相當有默契，經常同時討厭或喜歡某些人。更重要的是，對於家庭與生活的價値觀，我們幾乎是一致，不喜歡名牌、不追求時尙、家庭重於工作、討厭政治等等。

當助教當了快滿三年時，提出升等講師的申請。當年學校升等的風氣頗爲齷齪，想升等的教師，要先私下去拜訪教評委員，也就是提一籃禮盒或水果登門拜訪，好讓教評委員認識你是何方神聖。雖然不是餽贈錢財，但是我很厭惡這種風氣，升等應該審查的是資歷與表現，不是阿諛逢迎。但是在老婆的勸說下，和另一位助教一起登門致敬，拜訪了三位教評委員之後，我不幹了，能不能升等隨他！結果：還好最後順利升為講師，只是聽說教評委員討論到我的時候有點爭議。

民國七十六年，全國師專改制為師範學院（最後改制為教育大學），教育部為了提升師資素質，提供教師進修博士的機會，在老婆與家人的支持下，我開始準備進修博士，展開另一階段的求學生涯。

在我準備考博士班的時候，父親罹患了肺腺癌。趕回家後，在高雄醫學院看到躺在病床的父親一下子蒼老了很多，身形瘦弱憔悴，雖然事先想好不能露出悲傷情緒，要逗父親高興，但是一到病床邊，還沒問父親好不好，淚水就背叛了我的控制，我無法開口說話。結婚前，父親常說：孩子的教育是我和老婆的事，他只負責哄小孩、疼小孩、帶小孩到處玩。

民國七十九年，兒子才剛滿一歲，父親離世，享年六十二歲。我無法幫父親完成讓他帶孫子去玩的心願，錐心之痛，莫此為甚。好想讓他知道，他的孫子，還有後來出生的孫女多麼可愛，而且他的兒子後來拿了博士，升了教授。

當出殯至火化場，按下按鈕那瞬間，視線立即模糊。

二 博士班

民國八十～八十五年

申請進修博士獲得通過後，再次投入書堆中。雖然博士班因報名人數較少，錄取率比碩士班高，但是也不能掉以輕心，尤其「研究計畫書」要寫得好才有希望被錄取。第一次考博士班選擇清華大學化學系，雖然被錄取，後來想想放棄了。因爲考慮工作性質，決定轉科學教育領域。於是考回台師大的「科學教育研究所」。算算從大學、碩士、博士都是考了兩次，還好結婚不必兩次。民國八十年我開始進修博士班，獲得的補助是留職留薪（薪水照領）三年，以及學雜費和每學期生活費四萬八千元。

從自然科學研究轉到社會科學研究，我自認適應得很好，或許是我經常接觸課外書的影響，而投稿經驗也讓我在寫作論文時，沒有產生什麼困擾。初次從事科學教育研究的學生，可能會由於研究法的複雜而感到難以適從，尤其大學主修理工的學生，要由自然科學研究轉換到社會科學研究，必須面對典範轉移（paradigm shift）的困難，需要更多的調適。

科學教育的研究法比我以前有機化學的研究法更繁雜，因爲自然科學的研究對象是「自然」，而社會科學的研究對象是「人的行爲」；而科學教育是研究人（包括：教師、學生或家長等等）如何教科學，如何學科學，或者科學與人如何互動等等，因此研究方法屬於社會科學的研究法。由於研究對象的差異，造成自然科學與社會科學的研究方法南轅北轍的現象，「自然」沒有個別差異，比較容易測量與通則化（generalization）；而「人」有個別差異，不易測量與類化。例如：物質的測量比起人的態度或認知的測量，不僅容易界定也容易測量。因此在專業語詞方面，自然科學比較不會有爭議，而社會科學很容易產生爭端，例如：何謂「科學態度（attitudes of science）」？何謂「迷思概念（misconception）」？不同的學者經常有不同的立場與界定，此種差異也造成測量的工具的不同，例如：科學態度就有數種評量工具。自然科學的研究雖然也有某些爭議，例如：對於恐龍滅絕原因的不同觀點，以及愛因斯坦與哥本哈根學派之間的爭議。但是對於研究工具、專有語詞的意義或是證據的來源，很少會有爭議。相對而言，社會科學就顯得複雜許多，這也是爲何自然科學與社會科學的論文寫作，具有差異性的主要原因。例如：社會科學研究論文，會強調研究工具的信度、效度之建立與說明，而自然科學的研究並不是不強調，而是已經達成高度共識，因此論文中不必特別強調，例如：不會有化學家質疑，用紅外光譜儀偵測有機分子官能基的信效度。

讀博士班前兩年最爲辛苦，閱讀份量很重，我的英文單字量大爲提升，用掉了兩台電子辭典，也翻爛了一本紙本字典，每天的閱讀時間至少十小時。博一的重頭戲是趙金祁博士開的課：上學期是「科學教育心理學基礎」；下學期是「科學教育哲學」。趙老師曾任教育部次長以及中山大學校長，是台灣第一位留學美國的科學教育博士，曾被譽爲「台灣科學教育之父」。還沒進研究所之前就已經聽說趙老師的課很恐怖，結果親身體驗之後才知所言不虛。

首先是閱讀量，一學期大概是讀五本原文書。每一週指定的閱讀量至少是五十頁起跳，這樣的閱讀量實在不是一個人在一週內可以完成，於是我們五個修課的博士生分工合作，平分閱讀的頁數，然後上課前一天集合，一起討論閱讀內容與心得。隔天上課時（通常是到趙老師的家），我們在客廳圍坐著，趙老師走出來坐在單人沙發上，兩手放在扶手，有時候會點上一根菸，然後看看我們，再隨機的手指一位同學：「你，先吧！」被指定的學生就開始報告閱讀的內容。趙老師通常是微微瞇著眼看著報告的學生，完全沒有在看書，偶而會打斷一下問問題。大半的時間，趙老師的臉上是沒有任何表情，但偶而也會在談到盡興時露出微笑。我準備考博士班時，將科學教育相關的學習心理學、科學哲學都準備得很充足，所以自認上趙老師的課不會有問題。但是有一次作業是讀提倡「發現式學習」的布魯納（J.S. Bruner）的書《教育的過程》（The process of education），當天我被指定第一個報告。我很有信心的開始說：「Bruner 指出任何課程都能以某種……」，還講不到一句，趙老師就打斷，用不是很大聲但是很嚴厲的口氣說：「課程！課程？」我一下就矇了，不是這樣說嗎？趙老師瞪著我，同學們也不敢吭聲，好一會兒趙老師才說：「你自己再好好看看！」好不容易捱到下課，我回去再仔細比對原文，發現我把「subjects」講成「課程」，應該翻譯爲「學科」比較恰當。有時回想，這個學習經驗還眞是發現式學習！我學到了對原文的翻譯要很謹慎，一點都不能馬虎。

對於翻譯要謹慎的體驗，讓我覺得國內經常把 Hypothesis, Assumption 全都翻譯爲「假設」實在很不妥當，應該要有所區分。因爲 Hypothesis（假說）是一種「暫時性的解釋」，意思是當我們對於一個現象初步觀察之後，對於影響現象的變因或原因，提出一個暫時性的解釋，然後再設計實驗，以實驗結果來決定是應該要接受還是拒絕這個假說。而 Assumption（假定）是「一種條件或狀況的設定（或定義）」，例如：「理想氣體的氣體粒子沒有體積，而且粒子之間作用力爲零」，這是對理想氣體的「假定」，不是觀察後的暫時性解釋（假說）。

除了閱讀，還經常要跑圖書館查文獻印資料。當時最常用的資料庫是 ERIC（Education Resources Information Center），圖書館用的是光碟版，查到的期刊資料只能列印無法下載，列印出來的也只是摘要並不是全文，而且每張收二塊錢。爲了省錢，列印之前一筆一筆資料的看，看得眼冒金星，只是為了把不需要的資料刪掉，儘量少印幾張。印列出來後，還沒結束，因為列印出來的只是摘要，所以還要依列印出來的期刊資料，到書庫把期刊找出來，再拿去影印。如果圖書館沒這個期刊，就要查哪個圖書館有該期刊，然後去填寫館際合作的單子，把申請單送出去之後等候通知，等申請的資料寄來後，再到圖書館拿，付的費用包括影印費，還有郵寄費用。所以每次拿到辛辛苦苦才找到的文獻，都像寶貝似的保存，只差沒拿去護貝。到了現今，使用網際網路不僅不必到圖書館，查到的資料還可以連結到全文後再存檔，輕輕鬆鬆幾分鐘就收穫滿滿。

讀博士班期間，個人電腦已經開始普及，但是Windows才剛登陸台灣，所以文書處理還是使用DOS系統的軟體PE2（或是漢書）。寫報告時，文字的行距、間距、字型、字體等等全都要寫指令，至於編輯結果長什麼樣子，是不是符合自己想要的版面，沒有辦法預覽，要列印出來後才知道，不像Word是所見即所得。而且PE2也不能插入圖形，自己要預留空間，等列印出來之後再用膠水貼上圖片。

還好寫博士論文時，Word 已經慢慢普及，就自己學著使用 Word，完成博士論文。

我的博士論文指導老師是李田英博士，李老師也是留美的科學教育博士，做學問的態度很嚴謹，也很關心學生。李老師的眼光頗有先見之明，我的博士論文是有關科學史的閱讀學習，當時這個主題在台灣尚未萌芽，李老師提供了不少資料，我努力爬梳後，和李老師聯名在《科學教育月刊》發表了〈科學史在科學教學的角色與功能〉一文，結果這篇文章被引用了十七次。而我的博士論文《科學課文結構對於科學學習的影響》則被引用了六十六次。

不過李老師和我一樣都相當固執，有時候我們的觀點不一樣時，就會爭論得面紅耳赤。例如：對於「信度」的描述，李老師要我改成「可信」，但我不願意改，因為我認為信度「reliability」是「可依賴、可靠」的意思，並沒有「可相信」（believable）的意思；如同「依賴上帝」和「相信上帝」並不一樣。還有關於回歸線的斜率，李老師認為就是相關係數，但是我堅持不一樣，不可以混用。由於意見常會不一樣，雖然在博四時，已經幾乎寫好了博士論文，但是我讀了六年才畢業。

我後來帶研究生時，常鼓勵學生要和我「吵」，只要有依據、有證據或是有合理的理由，知識分子要有捍衛自己觀點的自信和勇氣。當然，自信過頭會變成冥頑不靈，也是要注意拿捏的。

前三年全職進修的期間，最辛苦的是老婆，我大約一個月才回家一次，那時老婆肚子懷著女兒，一個人留在台中的家，常令我掛念與心疼。

民國八十六年我終於拿到博士學位，到教務處領畢業證書，也領了成為「斐陶斐榮譽學會」會員的證書和徽章。我拿到博士學位之後，老婆轉任到另一所科技大學，接著到國立中興大學進修博士班。結果老婆不失學霸本色，兩年半就拿到博士，應該創下了中興大學（或是全國？）最快拿到博士的紀錄（而且是在職進修）。如果不是為了讓我先讀博士，老婆一定比我更早升為教授。

在讀博士班期間，祖母於民國八十二年去世，享壽九十三歲。當兵時曾經寫了一篇關於祖母的短篇散文，刊在報紙的副刊，內容如下：

小時候是在祖母懷裡長大，睡前總是拿祖母的手臂當枕頭，聆聽祖母述說年輕艱苦的往事，從祖母臉上蒼鬱的皺紋，我可以清晰地讀出那些苦難時光的刻痕。

祖母是虔誠的佛教徒，早晚必誦佛經，但是祖母不識字，看不懂佛經，只好自編曲調，手拿念珠反覆轉動，有如唱遊詩人般吟唱著：南無觀世音菩薩、南無觀世音菩薩……，抑揚頓挫，有急有緩，有高有低，每天都不一樣的調子。臨上台北讀書時，偷偷錄下祖母的歌聲，每當心情煩悶沮喪時，打開錄音機，讓古老的聲音慰藉年輕的靈魂。

記得是高三時，算虛歲已是十九了，傳統認為十九是不祥的數字，祖母持別叮嚀有人問起，只能說十八或二十，不能說是十九歲，遇有郊遊戲水活動也叫我不要參加。

有天，祖母要我向學校請假半天。中午回到家，祖母已穿戴整齊，顯然早已等著，手邊的紅色竹籃子露出兩隻雞腳，我一看就明白，又要去拜拜。

每次家人要去廟裡燒香，能躲開的我就儘量閃開，但沒有一次成功。後來考上大學那年暑假，爸媽輪流帶我四處燒香還願，前後三天走過十七間廟，弄得我又累又煩。

「要去拜拜？」

「嗯，快去吃飯、換衣服。」

「怎麼又要拜拜？」我已不耐煩。

「囡仔人莫多問，卡緊。」祖母的澎湖腔很重。

換了衣服，賭氣只扒了幾口飯，和祖母坐上計程車。

廟宇是在小巷子裡，祖母年經時被貓絆倒過，受傷的膝蓋一直沒完全復原，下了計程車後，我知道祖母不可能一口氣走到廟口。

「阿嬤，廟那麼遠……」

「可以啦，走得到。」祖母的語氣很肯定。

我一手提著籃子，一手扶著祖母，九月的太陽令人感到暈眩。走沒幾步，祖母的額頭已沁出汗珠，巷口的人家開始注視這一老一少。我低著頭，眞想把竹籃子踢得遠遠的，還有那隻該死的雞。

「叫爸爸來就好了，您不用來。」

「不行，你老爸不懂。」

祖母吃力地走著，額頭上的汗珠逐漸凝聚爲一串串的汗水，爬過臉頰，我不再吭聲；感覺到祖母更使勁握著我的手，每踏出一步，我手上的重量就更加重一點。

「阿榮，看有椅子沒？」走過一半，祖母喘著氣說。

我看看四周，無動於衷地：「沒有，這哪會有椅子？」

「……」祖母搖搖頭，汗水滴到地上。

「阿嬤，我揹您好了。」我有點不忍。

「不行，查甫人不行揹查某。」祖母扶著牆，無法再移動了。

我不曉得該怎麼辦，總不能坐在地上吧！於是跑進廟裡，向廟公借了把椅子跑回來。

祖母坐著掏出手帕擦汗，喘著氣，但毫無苦痛的表情。我不懂祖母爲什麼要費那麼大的勁，帶我來燒香？

休息後，牽著祖母走進廟宇。擺上祭品，點上香，祖母遞給我三支，叫我跪在身旁。

「菩薩，我的孫子今年十九歲，保佑他這一年平安勇健，一切順利……」

我轉頭看著祖母，那熟悉的髮痕如針一般刺入我心，羞愧和感恩一下湧上喉頭。

三　教授

民國八十六～一一一年

民國八十六年把高雄的房子賣了，賣房子的所得全由大姊分派，我們都沒有意見，同時把母親接來台中同住，一家五口過得平順安樂。母親天生屬於樂天派，以前家裡的事都由父親和大姊做主，但是由於母親的神經大條，常被父親罵，父親最常罵母親的是：「牛牽到北京還是牛。」小時候我不懂，等到我獨自照顧母親時，才逐漸了解父親爲何老是說這句話。

事情的開端是：有一天半夜，聽到母親大聲呼喊，我趕快衝到母親房間，原來母親的手腳沒有了知覺。呼叫救護車將母親送到醫院，醫生診斷是輕微中風，腦血管有阻塞現象，導致手腳的末梢神經傳導不暢，經過打點滴休息，母親的行動很快恢復正常。

母親經過這一次的驚嚇，變得很依賴看醫生，經常一、兩個月就要住院一次。剛開始我和老婆輪流在醫院看護，後來實在忙不過來，只好請專業看護，而母親毫不介意在醫院陪她的是誰，反正只要在醫院，她老人家就安心。我猜想母親喜歡待在醫院的原因是：父親、祖母已經相繼過世，使得母親對於死亡產生了莫大的恐懼，唯有在醫院才有安全感。所以每一次離開醫院回家修養，半夜經常會被母親叫醒（我在母親床邊裝了緊急按鈴），說她睡不著，或是這裡不舒服、那裡有毛病，搞得老婆也經常精神不濟。而一旦到了醫院，母親就神情自若，醫師問有哪裡不舒服，母親也只會講：「覺得身體不精彩」，我和醫師都聽不懂什麼是「不精彩」？而各種檢查也只顯示母親有血壓略低、心跳不穩、心肌略微肥厚。

問題的另一根源是：母親沒有任何休閒娛樂，對任何事都提不起興趣，不看電視、不唱卡拉OK（看不懂字幕）。有時帶她到公園，只會發呆；開車帶她出遊，也是無精打采。把母親送到有專人帶活動的長青學苑，也只去了一星期就不肯再去了。無數次陪著母親到醫院看診、住院，以及回家後的照顧，搞得我心力俱疲。有時硬著心腸，不理會母親看醫生的要求，母親就會來一段離家出走的戲碼，眞會讓人崩潰。大姊曾經接母親回高雄住幾天，結果還是一樣，也是搞得大姊人仰馬翻。

就這樣前後拖了四年，最後母親因心臟肥厚的併發症昏迷，加上年事已高，我要求醫生不要進行侵入性急救。民國九十一年，母親因爲心臟病引起的多重器官衰竭去世，享年七十二歲。

我仍然懷念母親，懷念母親曾有的開懷大笑，以及小時候在母親懷裡的溫暖感覺。

拿到博士學位後，以博士資格升上副教授，老婆也升等爲副教授，加上軍公教逐年調薪，家裡的經濟有了明顯改善，至少買冷氣不用再分期付款。在這段期間我努力發表論文、申請國科會計畫、參與國際學術研討會，也兼系主任。民國九十三年，以發表在一級期刊《科學教育學刊》的三篇論文爲主，升上了教授。

雖然升上教授，英文能力仍然是我心裡的痛，雖然「閱讀」沒有問題，但是聽、說、寫，都還是不夠專業。所以我嘗試到國際學術研討會發表論文。民國九十二年第一次投稿美國 NARST（National Association for Research in Science Teaching）的學術研討會，雖然論文被接受，但是由於剛接受一個心臟小手術，老婆擔心我身體狀況，於是沒有出席。民國九十三年，再次投搞 NARST 學術研討會，到溫哥華第一次以英文報告論文，雖然講得實在不好，但總算跨出第一步。隔年到美國達拉斯，第二次以英文報告論文；同年暑假，到加拿大 Victoria 再度發表論文。民國九十六、民國一百年則分別到加拿大、澳洲發表論文。多次出國報告論文，對於英文終於有了信心。後來也帶家人到洛磯山脈、法國開車自助旅行，整個旅程都是由我規劃，包括和當地人溝通，當學霸老婆說我的英文比她好時，令我相當得意。

但是年紀大了才學英文，常有反應遲鈍的現象。民國九十三年到溫哥華時，帶著讀國中的兒子一起去，爲了訓練兒子的英文，買東西、問路儘量讓他出馬。有次兒子求救一個單子「吸管」，我說是「straw」，還解釋有「稻草稈」的意思。當天下午，我買飲料時，店員問我：「straw?」我愣了一下，兒子在旁邊馬上說：「他問你要不要吸管啦！」唉，兒子現學現賣反應都比我還快。

退休後有次去檢查耳朵聽力，發現右耳的聽力只剩七成，左耳是八成。原來我小時候愛挖耳朵，曾經發炎流血，後遺症就是中耳炎經常發作，導致聽力受損。難怪高中同學說過我的「水」發音沒有捲舌，而我一直聽不出捲不捲舌的差別。包括到現在，我還是無法立即聽出「billion（十億）」和「million（百萬）」的差別，除非讓我看到嘴型。因此在國際研討會上，我比較擔心國外學者的提問，經常要講好幾次「pardon?（請再說一次）」。

除了參與國際學術研討會，我認爲在大學擔任教師，在學術上不應逃避的責任，至少有兩項（藝術與人文領域除外）：一是發表研究論文；二是申請國科會計畫。而這兩項互為因果循環；研究論文發表太少，不利於國科會計畫申請；但是沒有國科會計畫，則不利於執行研究，發表就會少。剛拿到博士的教師可能論文發表還不夠多，計畫不容易通過，因此最好把握國科會的「新進人員研究計畫」。這個計畫是鼓勵剛獲得聘任，或者剛拿到博士學位的大學教師提出申請，在三年內提出都是隨到隨審。新進人員的通過率比一般學門高，以一〇七年度為例，通過率達到百分之八十九，通過率高到令人羨慕。而如果資格已超過三年，只要還在五年內，仍屬於新進人員，只是不能隨到隨審而已，要和一般計畫同時辦理，但是通過率也達到百分之五十六。而一般研究計畫通過率則只介於百分之四十到四十五。

所以我常鼓勵新進教師或新科博士，要把握前五年屬於新進人員的黃金階段，提出申請計畫，否則沒有計畫支應研究的人力、材料等經費，難以做好研究，研究做不好就無法發表論文，發表不好就難以通過計畫，也就更難以升等，日子一久就會逐漸脫離學術研究的圈子。

一旦升上了教授，海闊天空，沒有了升等壓力，可以自己決定要輕鬆過日子，還是要持續拼研究？換言之，當大學教授可以很累，也可以很輕鬆。「很累」是除了上課，還要做研究、帶研究生，如果再加上國科會計畫、兼行政，週休二日就經常泡湯。「很輕鬆」是指不再做研究、不兼行政、不帶研究生，每週上課基本時數只有八節課，上課就讓學生分組報告，或是使用一成不變的「萬年講義」，要選擇哪一邊，就完全看個人的「職業良心」了。

我的研究興趣一開始是學生的科學迷思概念、科學史與科學本質，後來轉移到「科普推廣」，蒐集與研發科學遊戲、科學魔術、科學玩具等，主要工作在發展器材簡易且具有趣味性的科學實作，目的是推廣科學教育。在退休前的十多年中，我一直樂在其中，執行相關的國科會計畫共十三件，花了十年時間出版「玩出創意」系列五本書，其中第二本《玩出創意2：48個酷炫科學魔術》（民國一百年）得到金鼎獎；第三本《玩出創意3：77個奇趣科學玩具》（民國一〇三年）是「第八屆吳大猷科學普及著作獎」入選書單之一。其他幾本也都名列文化部的「中小學生優良課外讀物推介」；退休前則獲得中華民國科學教育學會頒發「科普推廣績優獎」。

除了教學與研究，指導碩士班學生也是主要工作之一，我在拿到博士之後的二十三年期間，指導的碩士班畢業學生共一〇六人，發表的 SCI 論文有兩篇；TSSCI 論文三篇；其他期刊論文或文章有五十篇；國際學術研討會論文二十一篇；擔任計畫主持人的國科會計畫共二十四件；自評這樣的成績應該還算及格。

我一向認爲學歷高低與人品特質未必有關聯性，教育程度高並不代表就有較成熟的處世態度或更理性的思維。教授和一般人一樣有七情六慾，不是聖人，也一樣會犯錯，例如：論文抄襲或作假。

以前還是研究生寫碩博士論文時，不必經過「論文比對」這一關，但是現在的研究生除了必須先上「研究倫理」的課之後，才能寫論文；而且在口試前，都要上線進行「論文比對」，如果超過某個百分比就不能提口試。另一方面，以前繳交國科會計畫的成果報告，可以任意勾選什麼時候公開，而且不必寫理由。但是現在國科會已經明文規定：「……應供立即公開查詢……，得延後公開至多兩年，兩年後自動公開。」

我一向要求畢業的研究生，除了要上傳論文的「電子全文」，而且要勾選「立即公開」。因爲如果沒有牽涉申請專利，也不擔心別人搶先發表或是有機密性，辛辛苦苦寫好一本論文，應該會很想和別人分享，更希望別人會引用，爲什麼不立即公開？當系主任時，有一次，一位研究生拿辦理離校手續的表格讓我蓋章，我看了一下學生的論文封面，勾選的是「七年後公開」，我問他：「爲什麼不立即公開？」他回答：「不好意思給別人看。」我立即說：「那你怎麼好意思畢業？」最後我還是蓋了章，畢竟系主任只是程序審查；審查學生離校程序的要件有沒有完備，沒有權力要求學生勾選何時公開。民國一〇九年教育部終於在「推動八項措施督導各大學積極強化學位論文品保機制」中明文表示：「論文以公開爲原則，不公開爲例外，教育部會要求各大學……並揭露各系所學位論文不公開之比率。」

論文的荒謬事件，有時候責任是在指導教授。有一次，有位教授請我當他的學生論文的審查委員，口試前發現學生論文的問題很多，我問這位教授，他也同意問題眞的很多。那爲什麼還讓學生提口試？結果這位教授說：「因爲這個學生不好帶，想早點讓他畢業。」眞是令人傻眼！後來請他另請高明，我無法擔任口試委員。假設換成是我那麼想讓學生早點畢業，我會一段一段地指導學生寫，甚至幫學生修訂，讓論文沒有大問題，絕不會在論文有問題的時候就准予提口試。

記得在剛開始指導碩士班學生時，我發現論文口試，學生都會準備一袋也許是肉鬆、茶葉或是名產之類的禮物，送給每一位口試委員。我到其他大學當口試委員時，也是會收到學生送的禮物。後來我覺得不合理，口試時送委員禮物不是有討好或賄賂的嫌疑？於是我規定我的研究生，口試時除了準備飲料之外，最多就準備一小盒水果或餅乾，不准再送其他禮物。

另一件我不准學生做的事是：回答別人有關論文的提問時，不可以回答：「因爲大家都這樣。」或「別人的論文也是這樣。」因爲這不是科學性理由。如同闖紅燈被警察攔下時，不能以「別人也闖紅燈」當爲自己的行爲可以被接受的理由。

在指導碩士班學生寫論文的經驗中，最讓我頭痛的是學生的「作文」能力。我的碩班生大約有八成是國小教師，但是論文中常出現語意邏輯不通，或矛盾的問題，以下舉幾個例子：

- 每個段落沒有連續性與組織性，有時一個段落講三個重點或事件，有時將相同重點分散在不同段落。
- 誤用連接詞的意義。例如：「甲學生喜歡做實驗，乙學生『也』喜歡找資料」；「『雖然』甲學生喜歡做實驗『但是』乙學生喜歡動手實作」；「『不僅』甲學生喜歡做實驗『而且』乙學生喜歡找資料」。這些語句很明顯有問題，不用我解釋，相信讀者們可以看得出來問題出在哪兒。
- 學生已經完成問卷資料蒐集，在論文中寫：「研究者會發問卷給學生……」，我把句子中的「會」刪除，學生問我爲什麼？我舉例說如果回家對老婆說：「我會愛妳」或是「我愛妳」，有沒有差別？

• 科學性論文的用詞必須精確，語詞的意義不可以隨意轉換，例如：不能將「學生認爲科學『很重要』」轉換爲「學生『很喜歡』科學」；也不能將「甲、乙有『顯著差異』」轉譯爲「甲、乙有『明顯差異』」。

我唯一不會幫學生修訂的是「誌謝（感謝詞）」，因爲這不是論文內容的一部分，和論文的品質無關。因爲誌謝屬於學生個人的情感表達，學生想要感謝誰，是學生的權利，指導教授不應過問，也無權過問。

在當系主任期間，有一件事情令我印象深刻；有些系所會規定研究生畢業前，要先在有審查制度的期刊或研討會發表一篇論文。我覺得這個規定並不合理，沒有必要，但是系上還是通過了這個規定，結果有次一位辦理離校手續的研究生拿表格要給我蓋章，我發現他並沒有完成發表一篇論文的規定，結果指導教授說：「學生有寫切結書，畢業後他一定會投稿發表論文。」還說很多報名程序如果學生忘了帶證件，都可以寫切結書，日後補繳。但是這種說法我認爲不合理，堅持不能蓋章放行。因爲忘了帶證件寫切結書，補繳的是「已經具備的資格（身分證或畢業證書影本）」，而且期限到了未補繳，可以撤銷報名資格。但是沒有發表一篇論文，是「尚未具備畢業資格」，所以還不能畢業；而且如果通融畢業離校，之後根本無法用切結書要求撤銷畢業證書。因此在我的堅持下，該學生延遲畢業。

三年一任的系主任結束後，我又被選爲系主任；接著只做兩年就堅決辭去，因爲得罪的人越來越多，而且不想再忍受開不完的會。我一向認爲：不想得罪任何人，又想要做好主管的職務，是不可能的任務。反過來說，如果一個主管從來都沒有得罪人，那就不可能是一個好主管！

民國一一一年八月屆齡退休，教學年資共計三十九年，我沒有申請延退，把位子讓給年輕人吧！

退休後，我的日子又回到高中時期的「荒唐歲月」，讀課外書、玩樂器、看電影，以及寫文章——寫這本書。我大約每兩個月就回學校的圖書館借書，也把家裡的金庸、高陽、張愛玲、曹雪芹的小說回溫了好幾遍；而對於史蒂夫・金的印象則完全改觀，原來他很會說故事，對人性的描述很細膩，不只是會寫嚇人的鬼故事而已。另外，還有玩樂器：吉他、木笛、陶笛，以及看串流平台的電影。而平時更重要的例行工作則是當家庭煮夫，為忙碌的老婆下廚煮飯，因為老婆很努力做研究，已經連續幾年入榜「全球前百分之二的頂尖科學家」以及「科學影響力排行榜」。

我想劉邦要是看到我洗手做羹湯，應該又會說一次：「大丈夫當如是也！」

肆

我的教育理念

一　子女的教育

我的求學生涯一路跌跌撞撞，最後能夠拿博士升教授，除了自己有付出努力，我認爲最重要的是「機緣」。在人生每個階段會碰到各種不同的機緣，如何選擇都會影響未來的發展，而這些選擇猶如蝴蝶效應，由年幼逐漸的擴大到年長，形塑了一個人的人生。雖然在高中時我沉迷於管樂，使我落入留級與重考的窘境，也使我選擇了有管樂隊的台師大就讀，但是沒有這樣的沉迷，我無法考入國防部示範樂隊，服役時也就沒有足夠閒暇時間準備考研究所，而沒有讀碩士班就不會認識老婆！也就是說沒有那一段蹉跎時光的荒唐，我就不會與老婆相遇。至於對課外書與寫作的沉迷，則讓我能順利撰寫碩士、博士論文，也出版了六本書。更關鍵的機緣是：如果應徵工研院的工作時沒有遲到，或是早一年或遲一年從碩士班畢業，我就不會碰到省立台中師專在應徵助教；而且如果我考大學時沒有選擇台師大，具備了師範教育背景，省立台中師專也很可能不會聘任我，我也就無法隨著師專改制教育大學，鼓勵教師進修的風潮就讀博士班。

求學過程的曲折，影響了我現在的教學理念，也形塑了我的生活價值觀以及教育觀。對孩子的教育，我和老婆不會在意名次（雖然老婆是學霸），我們重視的是閱讀習慣、思考能力、社會互動與生活管理，學校成績能跟上進度就夠了。我們重視的不只是要會讀書考試，也要會玩。所謂的「玩」是接觸課本以外的世界，例如：課外書、社團活動、同儕互動，還有學樂器或其他技能。學校能教的，實在有限，生活所需要的知識與技能，主要還是靠家庭教育。

現在的台灣社會，幾乎所有的父母對於男生、女生的教育都一視同仁，不會有性別差異，有差異的是教養方式。我的方式是：從小學到國中以健康成長爲第一要務，所以吃好、睡飽最重要，每天至少要睡八小時以上。功課能夠跟得上學校進度即可，只要留意作業有寫、和同學相處愉快就可以，考試有九十分就很高興，八十分就提醒加油，七十分就要留意看小孩功課有什麼問題。而更重要的是觀察小孩的性向，就是喜歡哪一方面的學習？這需要長時間的接觸與嘗試。我和老婆不會設定小孩未來要從事什麼職業，也不會以讀第一志願學校爲目標。

我們花很多時間陪小孩，幾乎每個晚上是一起吃飯聊天，假日一起出遊或到公園、游泳池玩。晚上睡覺我會講床邊故事，不是唸故事書，而是自己臨時亂編，反正小朋友都很喜歡聽故事，不介意故事是哪兒來的。不過小孩大概到小三之後，就沒那麼愛聽床邊故事了。有一次我臨時編給兒子聽的故事是這樣：

從前從前，有一羣蚯蚓住在大水溝旁邊的泥土裡，牠們在大雨過後的傍晚，跑出來一起聊天。然後有一隻蚯蚓忽然說：「你們猜這是哪一個數字？」接著牠站起來，站得直直的。大家看一下就說：「無聊！1有什麼好猜的。」然後另一隻蚯蚓說：「那你們猜，這是多少？」一說完，牠就跪下來，然後身體向後躺，再往上，最後頭再往前低下來。大家看了哈哈大笑說：「我知道！我知道！這是2！」這時候有一隻小蚯蚓也想出風頭，於是說：「你們看！這是多少呢？」接著牠把身體捲起來，想要變成0。當小蚯蚓把自己的頭尾接在一起，變成一個圓圈的時候，它就像輪胎那樣開始滾動，因爲地面又滑又不平。大家看小蚯蚓滾來滾去的好滑稽，笑成一團。但是當小蚯蚓開始往大水溝滾過去時，大家開始緊張，蚯蚓媽媽大聲喊：「小心！那裡有大水溝！」可是，已經來不及了，小蚯蚓往大水溝掉下去了。大家趕快爬到大水溝旁邊看，發現小蚯蚓躺在很深的水溝旁邊發抖。小蚯蚓的媽媽很傷心的哭著說：「水溝這麼深，又沒有繩子，要怎麼救我的小蚯蚓呢？」後來，有一隻很聰明的蚯蚓想到了一個辦法，它說：「我們不是蚯蚓嗎？我們的身體不是長長的嗎？那我們就互相勾起來，就可以變成很長的繩子啦！」大家都覺得這是一個很好的辦法，於是開始一個接一個的頭尾互相勾起來，慢慢地往大水溝垂下去，最後終於成功地把小蚯蚓救上來囉！

記得兒子聽這個故事的時候，眼睛瞪得大大的看著我，很專注的聽故事，聽到小蚯蚓掉下大水溝時，還露出很緊張的表情。兒子到了小三沒那麼愛聽故事，自己一個人睡，就換成女兒聽故事，女兒聽故事的表情就沒那麼多，只會一直問：「然後呢？然後呢？」老婆比較少講床邊故事，而且經常講個開頭，老婆自己就先睡著了。

我們讓小孩從小就接觸各種學習，包括：音樂、美術、舞蹈、語文、美術等等。但一定會先問小孩有沒有興趣？如果沒有興趣就作罷，不會強迫。如果有我們認為孩子應該要學的，例如：英文，我們會鼓勵孩子先試看看，如果真的不喜歡，我們同意孩子放棄。結果我們兩個小孩都愛上了英文，因為連鎖經營的英文班採用遊戲式教學，每次去接小孩發現不是玩得滿頭大汗，就是搶答到聲音沙啞。後來兒子到倫敦留學拿碩士，女兒到洛杉磯上證照班，英文口語都比我好。至於音樂，女兒學鋼琴一陣子，不想學了，我們同意她放棄，兒子反而一直學到高中。

除了學知識與技能，平時我也很注重培養孩子的思考和表達能力，我會經常問：「給我一個理由。」例如：女兒小時候要我們買芭比娃娃給她，我就說：「為什麼要買給妳？給爸爸一個理由。」一開始女兒會一愣一愣的講不出來，我就教她可以說：「因爲爸爸很愛我，不會讓我傷心」是一個不錯的理由。而當兒子說他和女朋友雖然會繼續交往，但是不會結婚，也不想要有小孩時，我同樣要求兒子說出理由說服我。最後，兒子寫了一頁的「報告」，我沒有被說服，但是我接受了，畢竟我的目的是幫他「自己選擇」人生，不是「替他決定」他的人生，既然兒子已經思考過這個問題，就讓他過自己想要的生活吧！況且他們雖然不結婚，但是將彼此視爲終生伴侶，這樣也就夠了，所以現在兒子帶女朋友回家過年，我們也像一家人一樣，不會因爲他們選擇不結婚而有所差別。

小孩到了考高中階段，我一向反對爲了讀高志願的學校而長途通車，因爲我自己讀高中時，早上六點多就起床，騎腳踏車到火車站，再搭公車到學校，單程要花一個半小時，到學校都還昏昏欲睡，哪有精神專注上課？所以兒子雖然只讀第三志願的高中，但是離家很近，走路只要五分鐘，我們都很高興。另一方面，我和老婆都反對早自習、晚自習，我嚴格執行每天至少睡八小時的要求，而早自習需要更早起床，晚自習會更晚回家，都會剝奪睡眠時間，而且家裡空間也夠，要自習何必一定要在學校？雖然兒子平時的考試成績都排在班上的中間之後，我們也不會緊張，因為有次我看學校的數學考卷，難度高到我會的不到一半。有些老師似乎會以避免讓學生過於自信為原則，出題要出得精妙，要讓人讚嘆出題者費盡心力之巧思才罷休。升高三後，兒子自己說要去補數學，我們沒有意見。參加指考（現改為分科測驗）之前，老婆提醒兒子要將歷屆的考古題作熟，最後兒子推甄錄取了三所國立大學的英文系，其中一所大學還是榜首，跌破高中老師眼鏡。這個問題我認為無論是指考或學測，必然包含一定比率的基本概念試題，高難度的不會太多（雖然曾經出現難度過高情況，但被罵翻了），所以好好練習歷屆考古題，把握基本的得分，比起把時間花在做高難度題目會更實際、更有效率。

兒子大學畢業時，猶豫是不是要從事配樂工作？我問他：「有沒有確定配樂是自己喜歡的領域？有沒有評估自己是否能勝任配樂的工作？」兒子的回答是肯定的，於是我就鼓勵他別想太多，就衝吧！於是兒子到倫敦拿配樂碩士，回台工作後，陸續得到金音獎、金鐘獎。兒子得獎，我們都很高興，但是我提醒他得獎不是終點，不能高興過頭，更不用炫耀，持續努力維持聲譽才是最重要的。

至於女兒，國中畢業後考上國立台中護理專科學校（現合併為台中科技大學），我們都很高興，結果有朋友問：「怎麼不讓她讀大學？」我反問：「為什麼一定要讀大學？」朋友遲疑了一下說：「大家不是都讓小孩讀大學？」這個現象反映了台灣目前高等教育的最大問題，很多父母無論如何就是要小孩讀大學（和我父親當年一樣）。當父母的理由通常是：「我們是為了小孩好。」這句話鋪天蓋地的成為很多父母「為小孩做決定」的理由，從來沒想過：是不是只是為了自己的面子？類似的例子很多，三不五時就會碰到有些父母得意地炫耀自己小孩考第一名、上第一志願、拿碩士、拿博士，可是就是沒有父母炫耀自己的小孩「讀書讀得很快樂」。所以就算孩子考上令人稱羨的醫學系，是不是也要想一下：孩子是「有能力」當醫生？還是「喜歡」當醫生？或者是父母自己喜歡有個當醫生的孩子？

讓女兒讀護專的原因包括：女兒自己喜歡讀護專，而且女兒比較憨直，不是考試的料，老是被題目騙，數學只要數字一改就完了，所以不適合和別人拼考試讀一般大學；但是女兒擅長美勞等實作的科目（包括：解剖課），也喜歡動手幫忙做事情。我們觀察到女兒的憨直，表現在以下幾個令人噴飯的例子：一是讀國一時，班上同學一起出遊，公園有很人的池塘有養魚，女兒投幣買了魚飼料，然後很高興地向同學大喊：「我們來魚水之歡！」結果同學們四處逃竄。二是護專的新生健康檢查時，到了視力檢查，護士給女兒看「方向朝下的E」，女兒看了一下，很認真的回答：「M」護士阿姨笑得花枝亂顫，因爲第一次碰到有人把視力檢查當成英文測驗。三是要去洛杉磯之前，在英語補習班練習口說測驗，也就是錄音機播放問題，然後要以口語回答，結果聽完第一題問題，女兒回答：「pardon?」（請再說一次），補習班小姐大笑說：「妳以爲錄音機會聽懂妳意思，倒帶再講一次喔？」

女兒進了護專後，一開始讀得很開心，但是後來逐漸出現適應不良的情況，課程上到化學、生理學、病理學、藥物學等等知識導向的科目，重修了好幾門科目，逐漸澆熄了女兒的興趣。最後在確認女兒的性向之後，支持女兒轉換跑道考美容科系。補習了一年，以同等學歷考進國立台中科技大學美容系（二技）。女兒有了興趣，讀得樂在其中，還自己主動報名台中市政府舉辦的「新娘化妝比賽」，得到了亞軍，學校校門口的跑馬燈還列出了這個訊息。女兒畢業之後又自己找了洛杉磯的一間化妝學校，去進修拿特效化妝證照。

女兒要去洛杉磯之前，本想陪她一起去，確定安頓好後再回來，畢竟洛杉磯的犯罪率相當高，令人擔心。後來想想女兒已經二十四歲了，還把她當小孩子會不會太離譜？而且女兒自己也認爲沒問題，於是放手讓女兒自己單飛。現在女兒的工作是特效化妝、美妝等等，是接案子的自由工作者，對於生活與工作都能「樂在其中」，達到了我教育子女的目標。

親子之間的愛，終極目標就是「希望孩子快樂」，所以小孩應該讀大學還是五專或技職體系，就想小孩未來適合什麼樣的生活才會快樂就對了。小孩成績偶而退步，也不用過度緊張，只要孩子表現出願意求進步的意願就很足夠了。

受教育的目的除了教化個人，最重要的是，最終可以進入社會與人競爭；最起碼要培養出專長，獨立自主。但這樣的目的一定要讀大學？當然不是！因爲每個小孩都是獨特的，都是唯一的，但是因爲有「個別差異」，有的適合讀大學，也有的小孩適合就業，適合當木匠、水電工、紋身師、理髮師、美容師等等的職業。職業沒有貴賤之分，重要的是對於工作是否能「樂在其中」？能樂在工作就會專心一致；能專心於自己的工作，就可以擁有專業；有了專業就能在社會中立足。在台灣除非好吃懶做，不然沒有餓死人的道理，舉個例子：有次家裡的電燈一直閃爍不停，請台電公司人員來檢查，發現變電箱異常高溫，台電人員將變電箱關掉，也就是暫停斷電，然後要我們自己找水電行修理。我平常會自己換燈泡、修理開關、水龍頭等等，變電箱不是開玩笑的，最好還是找專業的來。好不容易找到剛好有空的水電行來修理，過程中，水電師傅說：「現在做水電的到處缺工，年輕人都不願意學，寧願到便利商店打工吹冷氣。」這個現象顯示年輕人好逸惡勞的通病，也顯示一窩蜂讀大學的流弊。

我一直期望所有家長都能夠體認，拿好成績、進明星學校，未必是成就子女未來生活的保證，讀職校或學習一技之長也同樣可以出頭天，不必從小學就開始送孩子補資優、補語文、補數學、補理化。說到補習，我覺得最荒謬的是補「資優班考試」，資優生居然可以補出來，大概只有台灣有這種奇蹟！這個怪現象除了補習班有責任，把小孩送去補習考資優班的父母，需要負更大的責任。

身爲父母的責任之一，就是觀察孩子的性向，不要先入爲主認爲一定要讀普通大學才有出息，畢竟每個孩子有個別差異。我曾經對女兒說過，我對她未來的期許是：除了健康平安之外，就是生活要有目標，對工作能樂在其中即可，不必強求鶴立雞群、成爲人中龍鳳，當個快樂的普通人沒什麼不好。

由於學生必然有個別差異，我一向堅信：「沒有一種教學可以適用於任何學生。」這個信念並沒有違反布魯納（J. Bruner）的名言：「任何學科都能以某種智識上眞實的方式，有效地教給任何發展階段的孩子。」也就是布魯納認爲任何學科我們都可以設計出一個教學，適合某個發展階段的孩子，而我只是認爲這種教學無法適用於任何孩子。例如：民國八〇年代「建構式數學」被認爲是一個很好的教學法，於是所有小學都採用這種教學，結果問題叢生，民國九十二年教育部下令不再獨尊建構式數學。

其實建構式數學並不是不好，而是錯在忽略了學生有個別差異。建構式數學強調學生解題的過程，反對背誦九九乘法表，結果造成計算速度十分緩慢，花費教學時間，所以被批評教學效率差。這種教學有它的優點，問題是在於適用對象，也就是建構式數學適合學習較緩慢、理解能力較差的學生，如果用在理解力較好的學生，就顯得太浪費時間。況且不背九九乘法表也過於荒謬，因為這已經是日常生活需要的「工具」。試想在超市買東西，二包四十元和五包八十元你選哪一個比較便宜？當你用手機慢慢算時，會九九乘法表的人可能已經把五包八十元的搶光。

商品可以用機器達成一致性，製造出沒有個別差異的貨品，但是「人」必然有個別差異，沒有一套可以適用到全體學生的教育方式或教學方法，所以當身為父母或是老師，要有很多套教育方法，看孩子的需求與本性隨時調整。換言之，沒有「最好的」教養方法，只有「最適合」的教養方法。

不同孩子在學習動機、記憶力、理解力、創造力、解決問題能力等等方面，都有不同。在影響孩子學習的各種因素中，最重要的莫過於「學習動機」，沒有了學習動機，一切免談。我自己就深刻體認學習動機的重要性，在重考以及讀碩博班時，強烈的學習動機讓我能達成預定的目標。至於如何培養學習動機，很難有明確可遵循的方法，在教學研究文獻中，不少學者提到的策略，例如：「ARCS動機模式」，是一種教學法，是針對教師在課堂中的教學而言，而不是指「讓別人刮目相看，不讓父母失望」的動機。換言之，我說的是一種類似「好勝心」的學習動機，只不過要留意的是極端的好勝心，很容易產生負面效應，例如：遭遇失敗時無法調適；與同儕競爭產生衝突、失和等等。具有好勝本質的學習動機，很難由父母或老師的訓勉中培養，比較需要孩子本身的自覺，絕不是《虎媽的戰歌》一書中要求孩子不准拿低於A的成績、不准打電動、不准選擇自己想要的課外活動等等的要求。

除了學習動機，影響學習的次要因素是：「記憶力」與「理解力」，這兩種能力比較屬於孩子天生的特質。記憶力對於需要較多背誦的學科影響較大，例如：歷史、地理、國文、英文等等。而理解力包括了：推理、應用、邏輯思考、解決問題等等能力；對於數學、物理、化學、生物等科目的學習影響較大。我自評自己的記憶力在團體中的百分等級爲百分之三十，理解力則爲百分之九十。因爲我國文的默寫幾乎沒有全對過、歷史一直考不好、英文單字很容易忘記；而小五數學的「分數」是自學理解、物理的古典力學常拿滿分、喜歡有機化學的反應機構等等。至於我老婆，記憶力與理解力都好，學習動機又強，就成了學霸。

此外，不應忽略的是「創造力」。由於不容易評量，很容易低估了創造力對於孩子未來的影響，但是擁有創造力的孩子才能開發新契機，最經典的例子就是開創蘋果品牌的賈伯斯，以及寫出《哈利波特》的J. K. 羅琳。我之所以會鼓勵猶豫中的兒子從事配樂工作，是因爲觀察到他從小常發明新的遊戲帶同儕玩、發明暗號和妹妹溝通、發明以兩手的手指頭記九九乘法表等等。其中令人發噱的一個事件是：小六時分組做小研究，兒子帶頭的小組，發想的研究是「班上同學挖鼻屎的行爲之分析」。於是在上課中，觀察與記錄同學們如何挖鼻屎、如何處理鼻屎等等的行爲，蒐集資料後再統計分析。最後成果報告時，分別頒發：最佳男主角、最佳女主角、最佳產量獎、最佳資源回收獎等等，結果把全班同學搞得又笑又哭，其中大約有一半的同學哭了（尤其是女同學），導師要兒子向全班同學道歉，我完全同意導師的決定，畢竟把研究對象弄哭了，違反了研究倫理。

對於子女的教養，除了留意學校功課，「生活知識」也是不能忽略的一環，包括：待人處事、表達應對、生活管理等等。近四十年來的教學生涯，經常發現學生缺乏某些生活知識，例如：我的研究室經常沒有關門，結果被學生嚇過好幾次。因為正在專心打電腦，耳邊忽然一聲：「老師！」哇咧，不會先在門口敲一下，讓老人家知道有人進來嗎？要不然也可在門口喊一聲；再要不然，走路聲音大一點也行。像潛水艇一樣突然冒出來，誰不會嚇到？

另一個與生活經驗有關的例子是：有人把車停在自家門口，發生爭執的問題。我在課堂中曾經讓學生討論這個問題，結果有的學生說用大鎖鎖起來，讓他也不能動；有的學生說打電話叫拖吊車；有的學生說在家門口擺放三角錐。其實這都不是恰當的方法，這個問題應該從「情理法」的層面來思考；就「法」而言，只要馬路沒有畫紅線或黃線，沒有違反《道路處罰條例》的前提下，任何人都可以停車，既不能拖吊也不能開單。但是就「情理」而言，擋住別人家門口，讓人出入不便，就違反情理。因此；把車停在人家門口雖然沒違法，但是應該要留個電話，避免影響人家的出入。反之，被他人停車在自家門口的屋主，情理上可以請對方移車，但是不應該採用斥責或是辱罵的口氣。門口被停車的問題，如同在馬路上如果覺得前方的汽車或摩托車開太慢，可以輕輕按喇叭請其讓道，而在前方的車主或騎士，則不應認為有路權就死不讓道。

教育子女是很艱難的任務，要學習的事項繁雜，不可能全面兼顧。孩子成長過程的教育，雖然學校與老師要負責任，但是父母要負更大的責任，願大家都能找到最適合孩子的教養方式。

二　教育改革

近二十年來，台灣推動了一連串的教育改革，包括：廢除聯考、廣設大學、一綱多本、開放師資培育等等。推動的成果是：大學氾濫、流浪教師充斥、技職體系被破壞、參考書飆漲等等，更沒有達成「減輕升學壓力」的初始目標，曾任教改召集人的李遠哲，在民國九十四年於立法院，爲教改沒有能緩解，反而加深升學壓力而道歉。

教改無法成功的根源，我認爲是沒有認清問題的本質，也就是升學壓力的「根源」並沒有根除。升學壓力是來自競爭，你要上好學校，我也要上好學校，競爭就產生了。爲什麼大家要競爭？因爲「社會的價値觀」使然！大家都認爲高學歷才是未來生活的保障，所以擠破頭也要進入「好學校」。因此無論考試方式、入學方式如何變化，大家還是要競爭，升學壓力依舊存在。換言之：要改革的是內在的「價值觀」，外在形式的改革（考試方式、計分形式），無法變更競爭的壓力，反而只有反效果，這個反效果是：大眾為適應招生入學方式的複雜化（例如：多元入學），產生更多的不安與混亂。

亂象之一是「學測」試題的難易度飄忽不定，例如：一〇九年的數學滿級分超過一萬四千人，被批評題目太簡單；結果隔年的數學變得太難，滿級分驟降至不到一千六百人，人數相差近十倍。這個問題的癥結，我認為是學測採取的「闈外命題」是大學教授，對於拿捏試題的難易度有其困難度。解決這個問題，應該可以再多聘幾位採用「闈內命題」的高中老師，而且高中老師對於試題難易度的「話語權」，應該高於命題的大學教授！畢竟對於高中學生的學習能力，現場教師比大學教授更為了解。

再者，學測與分科測驗，捨棄原始百分制，改採級分制，認為這樣可以讓學生「不會分分計較」，未免令人啼笑皆非。既然是考試，無論轉換為十五級分或六十級分，反正都會影響升學，試問誰不會計較？

至於十二年國教，升高中的入學管道包括：「大免」、「優免」、「特色招生」等等，號稱「免試升學」，因爲各種管道採計的「會考」成績，最多只占三分之一。矛盾的是：以一一二學年爲例，不採計會考成績的只有六十二所高中（全國共有五百一十四所）。而學生的入學評比「總積分」包括：國中教育會考成績、學生選塡志願序、多元學習表現（含均衡學習與服務學習二項）共三大項目，這些項目被轉換成積分，積分加總起來，就是錄取與否的參考依據。也就是說，絕大部分高中的入學評比，還是會採計「會考成績」，會考也是考試，這樣可以稱爲「免試升學」嗎？而入學評比的項目相當複雜，只舉一例：「服務學習」可以由國中學校認定，每所國中的認定標準會公平一致嗎？例如：打掃校園的外圍行人道，有的國中會給予認定屬於服務學習，有的國中則未必，因此升學壓力不只不會降低，只會造成更多混亂。

上述外在形式的改革，只會造成更多的不安與混亂，所以教育改革應從「內在的根源」著手，也就是需要改革的是內在的人心，是社會與家長的價値觀。如果能讓家長體認考試成績好、進明星學校，未必是成就子女未來生活的唯一保障，讀職校或學習一技之長，也同樣可以出頭天，不必從小學就開始計較考試分數名次，選擇國中、高中的學校也不必以升學率爲首要考量；最重要的是從小觀察孩子的興趣、專長與性向，和孩子一起討論升學的方向，不要一窩蜂學別人擠明星學校，這才是最根本的改革。

爲了改變家長一窩蜂送小孩讀一般大學的現象，技職教育應該是最需要給予支持的一環，要儘量提高大眾對於讀技職教育的價值觀，所以應該投入更多經費在技職教育，充實技職教育的設備、師資以及產業合作，讓技職學校得到社會的肯定，改變家長與學子「黑手低人一等」的觀念。此外，改變「唯有讀書高」觀念的另一個策略是：可以考慮在高中或大學開設「父母學」或「親子互動」之類的通識課程，課程目標不是提供標準答案，而是提供各種不同學歷在不同職場發展的案例，以及各種教養方式的可能影響，讓未來將會成爲父母的學生，討論與思考：學歷與人生的各種可能關聯性爲何？高學歷是否就代表達成幸福人生的唯一道路？以後爲人父母如何更了解孩子的性向？如何依孩子的性向，選擇適合的發展方向？

目前社會上的風氣，仍不利於內在價值觀的改革，例如：每次學測完，媒體報紙就會報導哪個中學考滿級分的有幾個，哪個中學上了台大的有幾個，把上榜的學生英雄化，這是應該大力消滅的文化之一。反之，如果追蹤報導這些「優秀學生」的往後成就，是否樂在工作？還是成爲高收入的鬱悶不樂、生活缺乏目標的工作者？應該是更有趣的報導。

政府提出的教育改革，經常是爲了呼應社會的需求，例如：民國七十七年民間團體組成「四一〇教改聯盟」提出了教革的呼籲，其中的訴求，就包括了後來被批評的「廣設高中大學」，顯示民間團體的呼籲，也未必都是正確的方向。因此代表普羅大眾的民間團體，在提出教改的建議之前，也應反求諸己，想一想民間的家庭教育是不是應該先改革？例如：有多少父母能體認家庭教育比學校教育更重要？有多少父母會儘量陪孩子一起吃晚飯、做功課、講故事、聊天說心事？總結而言，教育改革的根源在社會與家長的價值觀，家長的價值觀沒改變，家庭教育就無法成功，而家庭教育沒做好，教育改革永遠沒希望！

最後說個有關行行出狀元的小故事；民國一〇五年父親節前夕，女兒在藝人張文綺的臉書粉專留下私訊，說我喜歡看她在《天才衝衝衝》的節目，請她錄音祝福我父親節快樂。結果張文綺果真錄音後寄給女兒，我收到後，用私訊回覆感謝她，除了表示女兒和她有相似的天然呆之外，內容還包括：「我是大學教授，常會認爲知識素養差，是很悲哀的事。常會和女兒說：頭皮以上的不重要，頭皮以下的才重要！所以女兒小時候，我常會丟課外書、小說給她看，但是女兒只對畫畫、美勞有興趣（現在是化妝師），對閱讀沒興趣，後來我也就順著她了，誰叫她是我前輩子的情人。從電視經常看到妳神來一筆的反應：風乾、Kitchen、體積接積積、想和小鍾去巴基斯坦、七美變7-11……，把我逗得很樂，也改變了以知識素養評價人的想法。坦率做自己、不做作、誠實接受自己的特質，也是值得肯定的價值。」最後我還提醒她：「有空要多讀點書喔！」後來我才知道張文綺有「閱讀障礙」，常會搞混字形很像的「師、帥」、「穀、殼」、「兩、雨」、「國、圓」，所以她當學生時的學習過程很痛苦，我卻還建議她要多讀書，如同鼓勵小孩學開大車一般不實際。無論如何，我想強調的是：張文綺小姐有閱讀障礙，學業成績不佳，但是在演藝界外，還有鹽酥雞的事業，都可以發光發熱，顯示只要肯努力，發揮自己的專長，「唯有讀書高」這句話並不成立！

伍

我的短篇小說

一　打子

炎熱的太陽晒得柏油路起了疙瘩，天空也熱得脫下雲彩，藍得透明。唉！怎這麼熱的天，阿清嫂揮揮額上的汗，微胖的身軀已浸透汗水，都是阿明伊老爸，爲了省幾個錢，非得等中午才去菜市場買敗市的菜不可，結果還不是一樣人擠人，那有敗市的？

阿清嫂提著滿籃的菜回到家，大女兒阿桂已在等著：「媽，有沒買到豬腳？」

「那會沒有？」阿清嫂把菜籃放到桌上：「差一點就買不到，都快賣光了……趕快拿去燉，還有這隻雞，煮燒酒雞，阿明最喜歡吃的。」

「有沒有買梨子？」阿清嫂的婆婆問。

「當然有，阿明愛吃的我都買了。」阿清嫂從菜籃拿出梨子：「阿桂，先拿去冰著。」

「嗯。」

「妳阿爸呢？」

「在隔壁和人開港。」阿桂說著，把菜拿到廚房。

「有沒有打電話交代阿玉她們早一點回來？」

「有呀。」

「妳姑媽那邊呢？」

「有、有，我昨天都已打過電話了。」

「等一下再打，免得他們忘了。」阿清嫂拿毛巾擦著汗說。

這天是阿清伯母親八十五歲生日，阿清伯特地把市場賣魚的生意停了一天，通知所有的親戚，還有在台北讀書的兒子阿明要趕回來。

阿清嫂和阿桂在廚房忙上忙下，近一點時，已準備得差不多，阿明的叔叔、姑媽也都來了，一個客廳滿滿擠了十幾個人，但就是阿明還沒回來。

「阿明昨天電話是怎麼講的？」阿清伯坐在客廳的大藤椅，盤著腿抽著菸問。

「他說坐早上八點的國光號，應該就快回來了。」阿桂說。

阿清伯的弟弟阿合叔坐在旁邊問：「清仔，阿明是讀幾年級了？」

「三年級，明年就畢業了。」阿清伯面露微笑。

「也眞快呢，一下子就要大學畢業。」阿合叔看起來比阿清伯蒼老，臉色顯得有點疲憊：「好種實在是一粒就夠，幹伊娘咧，我生那麼多個兒子就沒一個有路用。」

「我跟你講過幾次，孩子要好好管，該修理的要修理，該欠錢用的就給伊用，不要好壞不分，好歹都不管。」

「我知啦！但是……幹伊娘的，孩子就是不受教。」阿合叔憤憤地說。

「你們有沒去看阿來？」

阿來是阿合叔的老三，小學就常逃學，國中只讀了　年，整天遊手好閒，又偷錢打迷幻藥。

「看個屎，注孫悟空給少年組抓到，管伊去死！」

「孩子總是自己的，還是要去看看才行。」

「唉！想到孩子就頭疼，生了四個沒一個可依靠，早知就不生那麼多，雜貨店打算把它賣了，我們兩個老的自己吃自己過。」

「不必這樣啦！」阿清嫂這時走進客廳，臉上仍掛著汗珠：「我看老大阿成還可靠。」

「不行，不行，每天有空就去賭博，上禮拜才把摩托車輸掉，像這樣怎可以把家產給他？說到老二阿彬更害，毛還沒發長就跟一個酒家女同居，有次和人喝酒，不知吃醋還是怎樣，把人家砍了一刀，現在人家到處要找伊算帳，四處躲，沒地方躲才想到回家，我才不管伊死活，當初叫伊好好讀書不聽，就要去玩女人，現在玩出麻煩想要回家，我說翅膀硬了有種就別回來，把伊罵出去，報紙我也去登了，出事情伊自己負責，幹伊老母咧，這種兒子我不要了。」

「唉，現在的孩子眞不懂事。」阿清伯搖搖頭。

「清仔。」阿清伯的妹妹麗花說：「講來講去，我們兄弟姐妹就算你最好命，阿明乖巧聽話，又是大學生，像我們生那麼多個，就沒一個考得上大學……」

大人們正聊著，倏地門被推開。「爸媽，我回來了。」話題一下被打斷，每個人都轉過頭，原來是阿明，瘦長的身影帶著長途行車的倦意：「阿叔、阿姑，你們都來啦！」

「嗯，怎麼現在才回來？」阿清伯先問。

「高速公路塞車。」阿明把行李放下說。

「請了幾天假？」

「兩天。」

「快去把東西放好，馬上來吃飯。」

「好。」阿明提起行李，兩三步跨到樓上。

午飯在喧騰熱鬧的歡笑聲中結束，阿清伯的母親高興得眉開眼笑，特別是長孫阿明回到身邊噓寒問暖。阿明這孩子也頗乖巧，頻頻挾菜給祖母，叔姑對這個出色的侄兒更是另眼相待，臨走時一直叮嚀阿明要孝順、要聽話。

．．．．．．．

入夜後，南台灣的風夾著涼意吹到每一個角落，阿清伯坐在蔓瓜藤的籬笆下，手裡的扇子有一下沒一下搧著，對這樣的夜晚，阿清伯很滿意，幾十年來的流汗勞累雖沒賺上大錢，但至少有了安定的家，也不必爲兒女操心，阿清伯心想等女兒都嫁了，阿明娶了媳婦，做父親的責任就可卸下。到時把市場的攤子賣了，和阿明他媽到東南亞去玩一玩，家裡事情就全交給阿明去管。

想到這裡，阿清伯有信心地笑了，只是阿明那孩子不曉得有沒交女朋友？大學讀了三年從沒聽他說過，眞該問問他。

阿清伯放下扇子走進屋裡：「阿桂，去叫妳弟弟下來，我有話要問他。」

阿明一下樓梯，阿清伯直接就問：「你有女朋友沒？」

阿明先是一愣，接著搖頭：「沒有。」

「老實說沒關係。」

「眞的啊。」

「眞是飯桶，大學是讀假的，台北不是有很多女孩子，你難道都沒交到半個？」

「嗯。」

「阿明，我跟你講，你畢業就二十五歲，當兩年兵就二十七了，等你當完兵我就要你娶媳婦，如沒有女朋友，到時我要你去相一個，馬上結婚。」阿清伯嘸一下口水：「你要知道，你爸已有年紀，不知道還能操累幾年，你是長子也是長孫，所以要替老爸想想。」

「爸，我知道啦！」阿明顯得有點不耐煩。

「還有，你肖雞，不管你去交哪裡的女孩，不要交肖狗的，狗咬雞，你聽過沒？像你叔叔和嬸嬸一天吵到晚，孩子一個個變壞，都是因爲這樣。」

「爸，又不是每個都這樣……」阿明突然想到了小乖。

「你聽我的話就沒錯！」阿清伯的嗓子大了起來，阿桂偷偷踢阿明的腳，示意不要頂嘴。

「我都是爲你設想，聽阿爸的話就沒錯。」阿清伯頓一下，接著問：「明天坐幾點的車回台北？」

「早上六點半。」

「怎麼買那麼早的車？」

「下午還有課。」

「嗯，那就早一點睡。」

晚上，阿明在房間剛攤開日記本時，阿清嫂悄悄走進來，把幾張鈔票塞到阿明手裡。「這是你阿爸交給你的，五千塊，夠不夠用？」

「夠了，媽。」

「早一點睡，明天還要早起。」

等阿清嫂離開，阿明繼續寫日記。

家還是一樣，仍是那熟悉的安全感，每次回到家這種感覺就圍繞著我，這是一種幸福。如爸爸所說，因爲我是長子長孫，假若我是女生，恐怕就沒這麼幸運，可以讀大學，可以擁有重視和希望。

就只爲了傳統，爸爸可以毫無怨言地把他所有的一切給我。寄望我爲他延續傳統，榮耀門楣，爲此我擁有姊姊所沒有的特權，但是特權之下的束縛令我不安。爸爸今天提到的，是否會影響我和小乖的未來？他對傳統的堅持令我憂慮。

半夜，阿明被熟悉的聲音吵醒，看看錶才四點，阿清伯夫妻已準備去漁市場。阿明睜開眼睛後，一直沒再闔眼。

……

大學的課程對阿明來說是沉重的負擔，二十五個學分壓得阿明快喘不過氣來，若不是大一貪玩，也不會被當掉六個學分，搞得大二的課挪到大三才修，尤其微積分已是三修，若今年沒通過就要被退學。每想到退學，阿明的心裡就直打冷顫，到時該如何向爸爸交代？如何面對親友？而更糟的是，今年換了新教授，逼得更緊，每次上課看到那年輕的教授，阿明就覺得希望逐漸變得渺茫。

期末時，阿明做了個夢，在考場裡，面對兩大張考卷，阿明一題也寫不出來，額頭直冒冷汗，教授走到旁邊看著他，最後搖搖頭說：「你沒救了。」就把考卷收走，阿明急著拉教授的手：「老師，拜託！我會寫，給我一點時間，我一定會寫出來，我已經三修了，要是當掉，我爸爸會打死我……。」教授完全不理會他，甩開阿明的手，掏出紅筆在考卷上劃了一個大圈圈，那圈圈逐漸地擴大、擴大……占據了阿明的整個視線。

阿明醒來後，仍記得那顏色鮮紅得和血一般。

……………………

阿清伯的手都快凍僵了，冰塊和鹽巴把小墨魚的八爪凍得結實而鮮嫩。阿清伯攪和著這桶小墨魚，戴著老花眼鏡一個一個挑著，隔一會兒就把手湊到嘴邊哈氣。

「幹伊娘，下次絕不賣墨魚，眞麻煩。」阿清伯嘀咕著，把挑好的墨魚擺上攤子。

「這要怎麼賣？」阿清嫂問。

「二十好了。」

「什麼，才二十？先賣三十再說。」

「隨便妳，快把九母仔擺出來。」

「清仔，先去拿　瓶冬瓜茶，渴得要死。」阿清嫂額頭似乎永遠掛著汗珠。

「等一下啦，沒看到我在忙啊，螃蟹都還沒整理。」阿清伯說完，蹲到攤子後面，搬出螃蟹一隻一隻撿出來，把有爛掉的掰開殼切去，再把殼上的卵黃灑在上面。

阿清伯熟練地把這些螃蟹擺得整整齊齊，看起來就像是完全新鮮的。

「阿清伯，阿清伯！」有人喊著。

「什麼事？」

「阿桂打電話來，叫你趕快回去。」

「是什麼事情？」阿清伯覺得奇怪。

「不清楚，好像是你兒子阿明的事。」

「阿明？」他人不是在台北？「好，好，多謝你。」

阿清伯納悶著，向太太交代一句，騎上摩托車趕回家。

「阿桂，是怎麼了？」

「爸，阿明學校教官剛打電話來說叫你上去一趟。」

「發生什麼事？」

「電話裡沒講，只說要父母馬上去一趟。」

「奇怪？」阿清伯想不出會有什麼事這般嚴重，心裡有股不祥的感覺，該不會阿明鬧事吧？

「阿桂，妳去市場幫妳媽的忙，我馬上去台北。」阿清伯脫下一身魚腥的衣服走進臥房，一時也不曉得該帶什麼東西，隨便挑了一件衣服，塞了一萬塊便匆匆趕到火車站。

到台北已是下午三點多，阿清伯拎著包包走出火車站，攔了一輛計程車：

「XX大學。」

「什麼？」司機一下沒聽清楚。

「XX大學。」阿清伯大聲地說。

「好。」司機回頭看看他並發動車子：「你是南部人？」

「嗯，我來看我兒子。」

「你兒子讀大學？」

「是啊！」阿清伯暫時丟掉阿明可能出事的想法，聲音高昂：「我就這個兒子，現在讀大三了。」

「你眞好命，以後你就有依靠了，現在的社會沒大學畢業找不到頭路。」

「就是說，我全靠這個兒子，當然要栽培他。」

阿清伯看著窗外，越接近學校，心裡越是七上八下。

到了學校，阿清伯就直奔學生宿舍的辦公室，教官在裡面看報紙。

「老先生，您有什麼事？」

「我是阿明他爸爸。」

「阿明？」

「是王智明。」

「哦！」教官放下報紙，站起來拉了一張椅子：「王先生，您先請坐。」

阿清伯聽不太懂國語，但會意地坐下。「阿明是發生什麼事？是不是和人打架？」

「不是，不是，阿明在學校很乖。」教官停了一下，聲音放低：「你聽到這消息希望別太悲傷……，王智明昨天晚上……跳樓自殺。」

「什麼？」阿清伯聽到「自殺」，整個人彈了起來：「你說什麼？」

「王智明昨晚從五樓跳樓自殺，我現在馬上陪您到醫院。」

「他有沒怎樣？他有沒怎樣？」阿清伯喘著氣。

「您老人家先冷靜，我們到醫院再說。」

阿清伯整個人呆若木雞，腦袋轟隆隆的，不曉得什麼時候離開宿舍，什麼時候坐上校車，什麼時候踏進醫院，什麼時候眼前出現蓋上白布的軀體。

「王先生，發生這樣的事情，我們都很難過，您要保重身體。」教官拍拍阿清伯的肩膀：「這是王智明的遺書。」

「阿明，爲什麼……阿明……」阿清伯兩眼發呆，一點反應也沒有。

・・・・・・・

「攤位出售，意者電：XXXXXX」

阿清伯佝僂著身子，把紅紙條貼在攤子的水泥柱上，兩手不時抖著。

回到家，阿清伯頹然陷坐在藤椅裡，閉上眼睛，母親和阿明的影子立刻顯印在腦海裡，阿清伯的母親在阿明自殺後兩個月也跟著走了。

「爸，你眞的要把攤子賣了？」阿桂輕聲的問。

阿清伯睜開眼睛，無力地說：「不賣掉又能做什麼？」

「我覺得租出去給別人比較好。」

「租？一個月能租多少？」

「至少五、六千也夠了。」

「算了，賣了錢，和妳媽到大崗山吃齋還清靜些。」

「爸……」阿桂眼眶紅了：「不要這樣說，我們姐妹就算不嫁也要養你們。」

「哼，女孩子有什麼用，生也是生別人的子孫。」

「爸……」

「妳不要講了。」阿清伯站起來說：「我已打算好了，妳媽媽也沒意見，等攤子賣了，我會分一些錢給妳們，以後事情妳們自己主意，我做父親的責任也到此爲止。」

「爸，不要這樣。」阿桂眼淚流了下來。

「妳給我閉嘴！」阿清伯大聲喊道：「我決定的事情，妳不要管。」

「……。」

「還有，以後不准妳們去祭阿明。」

「什麼？」

「我說以後不准妳們去祭阿明。」

「爲……」阿桂剛開口，馬上停止往下問，阿桂了解她父親的失望和痛心，只是不曉得到底是誰錯了？

過了兩星期，攤子賣了九十萬，阿清伯留下四十萬，其餘全交給阿桂存進銀行。阿清嫂眼看生活了十幾二十年的攤子賣掉，一把眼淚一把鼻涕的，半年來阿清嫂不曉得哭倒過幾次，眼淚幾已枯竭。

這天晚上，阿清伯把四個女兒叫到跟前，和她們交代：「爸爸今天把攤子賣了，五十萬和這間房子留給妳們，以後什麼事情全聽妳們大姐吩咐，結婚嫁人需要用錢也全由阿桂主意，爸爸已經老了，妳們也都有了工作，不必爸爸爲妳們操心，妳媽媽和我去大崗山也許只住幾天，也許住一輩子……我想爸爸的意思，妳們會了解。」

阿桂、阿玉等四個姊妹聽阿清伯說的話，早已哭成一團。

「好了，爸爸要說的話就這些，別哭了，這都是命。」阿清伯揉揉眼睛：「去睡吧！別哭壞了身體。」

四個女兒聽話進了房間，阿清伯仍可聽到房間裡的飲泣聲。

一夜難眠，阿清伯翻來覆去，思緒洶湧一直無法入睡。阿清嫂也許是哭累了，沒多久就沉沉入眠。

樓上房間裡的阿桂，和她父親一樣無法闔眼，想著阿明，想著祖母，還有和父母的別離，阿桂心如椎刺。

看著妹妹都睡了，阿桂爬下床打開抽屜，拿出摺疊得整整齊齊的信。

大姊：

不希望妳會看到這封信，弟不願被指爲不孝，這幾天來的不安和悼恐使我必須先寫這封信，不知道那一天會爆發這股難耐的焦慮。幾天來做著惡夢，夢見考試，夢見相親結婚，夢見小乖（沒跟妳說起的女朋友，生肖狗）和我分手，這是任何人無法解的結，爲何我是獨子？

幾年來一直享受著妳們沒有的呵護，爸從沒打過我，妳們挨打過；我可以唸大學，妳們的極限是高商。我知道，圍繞在我四周的是愛，但這只是傳統和獸性本能的愛，我沒變壞，沒殺人犯法，只是因爲我膽小，怕老師罵，怕爸爸的鞭子，若能交換地位；姊，我願意變成妳。

上次祖母生日回家之後，開始感覺到幾年來所得到的重視和愛必須在當兵後償還，我並不是害怕接受這個擔子，烏類亦知反哺，何況是人？我憂慮的只是擔子之外的束縛，也許我過份強調這傳統包袱的壓力，企圖遮掩退學的愧疚感，但不管事實如何，獨子的包袱、退學和小乖分手的痛苦是我想拋開這世俗世界的原因。

姊，仍希望妳不會接到這信，仍希望我能讓爸爸滿意，仍希望我能帶著小乖回家，如果一切希望能成眞，我會心甘情願讓爸爸打我，讓世人罵我。

最後，代弟照顧祖母和爸媽。

阿明

阿桂反覆看著，淚水沾濕信紙：「笨弟弟……」

這時樓下傳來開門的聲音，看看鐘已是半夜一點，會是誰？阿桂擦擦眼淚，踮著腳尖下樓。看到阿清伯正在發動摩托車，阿桂馬上去叫醒阿清嫂：「媽，媽！爸爸不曉得要去那裡，這麼晚了。」

阿清嫂爬起來：「什麼？」

「爸爸騎摩托車要出去，都三更半夜了。」

「在那裡？」

阿清嫂爬下床和阿桂到樓下，阿清伯的摩托車早已離去，阿清嫂對阿桂說：「快跟著妳爸爸。」

阿桂慌忙牽出妹妹的五十CC車子，門來不及上鎖就載著阿清嫂去追阿清伯。

阿清伯騎得很慢，一轉出馬路，阿桂就看到了。

「騎慢點，跟著妳爸爸看到底要做什麼。」

阿桂跟在阿清伯後面，心裡既焦急又怪異，午夜的涼意沁入阿桂心肺，爸爸想去那裡？

沒多久，到了鼓山。阿桂心想不會是來祭阿明吧？阿清伯把車停在寺廟前，手拿著一根棍子，對值夜的管理員低聲說了幾句就走進去。

果然沒錯，阿桂停下摩托車：「媽，要不要進去？」

阿清嫂望著靈骨塔沒講話，阿桂心裡明白，把摩托車熄了火，牽著阿清嫂走進靈骨塔。

母女倆沿著樓梯往上走，寺廟的牆壁粉刷得亮麗，陣陣的檀香使人感到肅穆，午夜的涼意已被摒於寺廟之外，祥和的殿堂這時傳來斷斷續續的鞭打聲，阿桂不禁拉著母親加快腳步。

「爸爸到底在幹什麼？」

阿桂看到阿清伯時，第一個反應是想吐，阿清嫂整個人都呆住了。

阿清伯全身沾滿了粉末，右手拿著棍子像乩童一般往自己背上打，左手拿著骨灰盒從頭上往身上倒。

「不孝子，不孝子！」阿清伯喊一句打一下，喊一句打一下，眼睛緊閉著，淚水沾著骨灰黏在臉上。

「爸爸，不要這樣！」阿桂衝過去拉住阿清伯的手。

阿清伯用力甩開阿桂，眼睛仍緊閉著，棍子繼續往背上抽。

「爸爸，拜託你，不要這樣，不要這樣！」阿桂倒在地上大哭。

阿清伯全身顫抖，嘴角淌著血，全然沒聽到阿桂的呼喚，棍子不停地發出劈啪聲。

阿桂站起來，從背後抱住阿清伯，骨灰沾在她臉上，鞭子落在她肩上，阿桂想吐的衝動更加劇烈。

「清仔，你清醒點。」阿清嫂這時衝上去，兩手拉住阿清伯的棍子，聲音已沙啞：「你這樣，阿明會不瞑目的！」

「不孝子，不孝子……」阿清伯放下棍子，頹然跪倒地上，看著阿清嫂和阿桂，淚水如決堤般湧出……。

刊於《台灣日報》副刊民國七十二年十一月十九日

二 山曲

時鐘已敲過十二點，也許是因爲心裡的焦慮和不安，美娜矇矓的睡意逐漸清醒，仔細聽著馬路上夜歸摩托車的急駛聲，每一個聲響由遠而近，續而抽長離去，但是始終沒有一個停下來。

「……等待的日子屬於寂寞。」

也許就是這樣，美娜反覆想著這句話。那是好久以前的歌，離開村子後，一直沒再唱過，這時想起，倒有幾分親切，但是也含著幾許落寞。

美娜把房間的燈開得通亮，已經好久不習慣黑暗了，昏黃的燈光照在冷漠的牆壁上，世界似乎已靜止，美娜坐到梳粧台前，無神地望著鏡子，也許生活只是無限的期待，快樂和寂寞輪流交替著，今天快樂，明天就會寂寞。

桌上的一隻陶製青蛙瞪著一雙大眼睛望著美娜，美娜拿起青蛙撫摸著，一陣涼意自手指沁入心裡。

……

「嗨！妳好。」晚會接近尾聲時，一個男孩走近美娜：「妳竹竿舞跳得不錯。」

「很簡單呀，每個人都會。」美娜看看他，很眼熟。

「我叫陳成偉，是山地服務隊的。」

「哦，我知道。」美娜甩一甩頭髮。

「能請問芳名嗎？」

「美娜，朱美娜。」

「是泰雅，還是賽夏？」

「泰雅。」

「還在讀書？」男孩抓抓腦袋，是個傻問題，看頭髮就知道了。

「沒有，國中畢業五年了。」

一個老山地[1]女人在台上唱著歌，台下拍手跟著大唱。

——木薩薩古　加浪麻故米達呀呀木

米達呀發木　米達呀記木……

「這裡好吵，我們到裡面坐。」陳成偉指著隔壁的教堂。

「嗯……好呀。」

美娜跟在他後面打量著，還蠻高的，牛仔褲、藍夾克，一副年輕帥氣的模樣。

走進教堂，他在她身旁坐下。

「剛剛的曲子是誰作的？」

「不知道，好久以前大家就會唱了。」

「在唱些什麼？」陳成偉好奇地問。

1 本文寫於民國七十三年，「原住民」的稱呼尚未被正名，本文仍稱為山地人，敬請諒涵。

「不太好講，我不會一個字一個字翻成國語。」

「那妳有沒有空？教我山地話，我很想學。」

「可以呀。」美娜毫不考慮。

「媽媽怎麼講？」陳成偉接著就問。

「呀——呀。」

「爸爸呢？」

「呀——發。」

「嗯……」陳成偉掏出筆和紙，說：「糖果呢？」

「嗎——露。」美娜靠近他：「你在做什麼？」

「做筆記，告訴我，妳的山地名字。」

「村裡的人都叫我沙斐。」

「沙——斐，」陳成偉仔細地記下來：「也幫找取個山地名字怎麼樣？」

「好，我想想看……」美娜滾動著大眼珠：「嗯……，叭——凍。」

「叭凍？好，以後我就叫做叭凍。」

美娜抿著嘴笑起來。

「妳笑什麼？」陳成偉覺得奇怪。

「叭凍就是青蛙。」

「什麼？」

美娜笑得更起勁：「你戴著大眼鏡好像是青蛙。」

……

睡夢中被開門的聲音驚醒，美娜不知什麼時候趴在桌上睡著了，擦擦嘴角的口水，美娜放下手裡的青娃站起來，不經意地看看鏡子，頭髮好亂……唉！下午才燙的。

走進客廳，成偉橫躺在長沙發上，門也沒關。美娜輕輕把門關上：「怎麼現在才回來？」

「公司忙，路上又遇見朋友。」

「先把衣服脫了再睡。」

「好累，別管我。」成偉翻了個身。

「小心著涼了，起來嘛。」

「眞煩……」成偉不情願地站起來，身體微晃地走進臥房。

美娜呆呆地望著成偉，好一會兒才想到把燈關掉。

清晨，習慣性地被吵雜的車聲喚醒，美娜醒來時，天已微亮，成偉躺在身邊熟睡著，美娜下了床，輕輕地把成偉身上的棉被蓋好。

也許是昨夜沒睡好，美娜把蛋打進鍋裡時，才想到還沒放油，想煎荷包蛋的念頭一下破滅，美娜重重摔下鍋鏟，成偉不知抱怨過幾次，早餐就只會炒蛋、炒蛋。

美娜看看時間，顧不了那麼多，炒蛋就炒蛋吧！

「叭凍，該起床了。」弄好早餐，成偉還賴在床上。

成偉吭也不吭一聲。

「那魯發加，起來啦，都已八點了。」美娜把棉被掀起來。

成偉打個大哈欠翻身坐起來，慢吞吞地爬下床。

「上班快遲到了，伊器蓋！」

「伊器蕃，伊器蓋。」成偉學著美娜的語氣：「美娜，以後少講山地話，要是鄰居聽到了，我可不喜歡人家拿異樣的眼光看我們。」

美娜一時楞住：「那有什麼關係？」

「妳，不在乎，但是我可非常在乎。」

・・・・・・・

「美娜，明天服務隊就要回臺北了。」兩個星期的活動很快就結束，最後一個晚上，陳成偉和美娜照例在教堂見面。

「我知道。」

「我打算再多待幾天。」

「可以嗎？」美娜問。

「學校過三天才開學，但是入山證日期只到明天，我想必須和分駐所說一聲。」

「分駐所會肯嗎？」

「不知道，明天再說，」陳成偉邊踢腳邊的石頭邊說：「美娜，假如可以的話，帶我到山裡走走，一個星期來只忙著帶遊戲、教育宣傳，也沒機會去接觸山。」

美娜點點頭，不再說話。

第二天早上，服務隊離開時，美娜在教堂欄杆處遠遠望著陳成偉坐上卡車，無奈地被載走。爲什麼分駐所不准他再多留兩天？美娜腦袋一片空白，隨著卡車的離去，彷彿失去了什麼。

中午美娜到河邊提水，怎麼都沒想到陳成偉居然又出現了。

「你怎麼回來了?」美娜掩不住心裡的喜悅。

「眞是的,早上一直找不到妳……。」

陳成偉喘著氣:「分駐所要我先下山去辦入山證,就可以再待兩天了。」

「眞的?」

「嗯,來,我幫妳提水。」陳成偉接過水桶:「不過,有一個條件。」

「那魯發加!還有條件。」美娜山地話脫口而出。

「下午帶我去爬山。」

「沒問題,叭凍先生。」美娜拍下陳成偉肩膀:「伊器蓋!」

陳成偉楞了一下:「妳說什麼?」

美娜笑著:「那魯發加沒什麼意思,只是口頭禪,伊器蓋就是:快一點。」

「是,美娜小姐。」

・・・・・・・

「成偉，呀呀明天要來台北。」

成偉坐上餐桌時，美娜說。

「什麼？妳媽媽又要來台北？」那老山地女人，成偉暗自吃驚，上回才拿了五千塊，隔不到兩個月怎麼又要來？

「昨晚本來要跟你說的……」

「美娜，這不是辦法，這等於是要我養兩個家。」

「今年杉木還不能賣，香菇又歉收。」美娜低下頭，感到似乎在哀求：「呀發身體又不好。」

「妳的那些兄弟姊妹呢？」

「他們的生活也不好。」

「唉，眞麻煩。」成偉嘆口氣：「好吧，妳去郵局領三千塊，不過我房裡的錄音機和照相機可不准去動，知道嗎？」

「我知道。」

「上次把我手錶拿走了也不吭一聲。」成偉拉開椅子站起來：「這次不曉得又會掉什麼東西。」

「成偉……」美娜心裡有如針刺。

「好了好了，別講了，我要走了。」

「不吃飯了？」美娜問。

「不吃了，又是炒蛋怎麼吃得下。」成偉頭也不回地逕自走了。

隨著成偉摩托車的遠去，整個屋子一下顯得空蕩，美娜陷坐在沙發裡，每次成偉一踏出門，心裡就蒙上一層強烈的空幻感，也許是太孤單了，同學、親人和玩伴已被山遙遠的隔離，寂寞總是悄悄地跟在身旁，揮之不去。

剛開始美娜曾想去電子工廠應徵女工，但是成偉認爲工廠太雜而反對，而且他養得起她。還有一次，美娜向隔壁林太太拿了一些塑膠花到家裡做，成偉回來看到，把塑膠花全搬回去還人家，從此美娜不敢再提工作的事。那天晚上成偉拿了一大堆書給美娜，說要是無聊就多看點書，但是美娜根本看不下那一大本一大本的《紅樓夢》、《水滸傳》、《約輸克什麼夫的……》。

……

「還有多遠？」翻過兩個山頭，陳成偉累得滿頭大汗，圍巾、夾克一件件脫下來，美娜除了兩頰泛著紅暈，看不出山對她有何影響。

「快到了，翻過這座山就到了。」

「什麼？我的天。」陳成偉沒想到山的後面仍是山。

「累了，我們休息一會好了。」

「怎麼會選那麼遠的地方種杉木？」陳成偉擦擦額頭的汗，爬大霸也不過如此。

「沒辦法，我們只有那塊地，平常都是我和呀呀來工作。」

「都做些什麼？」

「大多是除草，還有打香菇。」

「每天都爬這麼遠的路？」陳成偉覺得不可思議。

「是呀，習慣就好了。」

「剛剛妳說常常和呀呀來工作，那妳爸爸呢？」

「呀發年紀大了……」美娜頓了一下：「其實呀發並不是山地人，是山東人，呀呀嫁給呀發之前已有四個孩子，所以算來我不是老三，應該是老七。」

「原來如此，難怪妳的國語比其他人標準，但是既然妳有六個兄姊，怎麼都是妳在工作？」

「他們早就結婚到平地去了，剩下我和一個讀國二的弟弟。」

「美娜，妳以後想不想到平地去？」

平地？好遙遠的名詞，美娜不曉得該怎麼說。偶爾會坐林廠車到山下的小鎮，一個小時的顚簸路程，美娜一直沒法適應，到小鎮頂多看場廉價電影、吃點東西，就得和村人包車趕上來。

第二天天氣陰沉不開，雲彩笨重地留在山腰，中午美娜把陳成偉帶到家裡吃飯。

「我爸爸不在家，這是我媽媽、弟弟。」美娜把陳成偉引進屋裡。

「伯母，您好。」陳成偉走進屋子，差點撞到門框。

美娜的母親沒理他，對美娜呼嚕花啦講著山地話，陳成偉一句也聽不懂。

「我媽媽說你不是山地服務隊的嗎？怎麼還沒回去，還說中午沒什麼好招待客人，會不好意思。」

「沒關係，沒關係，不要把我當外人。」陳成偉堆著笑臉。

美娜低頭和母親脫了幾句話，老山地女人似乎懂了，對陳成偉點頭笑笑。

飯桌上大部分時間都被沉默占據了，語言不通讓陳成偉找不到話題，一方面是因爲美娜的母親一直專心吃著。

「叭凍，吃塊呀必。」美娜挾了一塊濕搭搭的肉到陳成偉碗裡。

「呀必？」陳成偉咬了一口，還不錯，帶有酒味。

「呀必就是飛鼠。」

「什麼？」陳成偉差點吐出來，難怪還有發亮的毛。

「飛鼠呀，我弟弟很會抓。」美娜的弟弟在一旁笑著。

陳成偉硬吞下那塊肉，接著喝一大口湯，但是湯的酒味濃得化不開。

「這又是什麼？」

「雞酒，我以為你會喜歡喝點酒。」

「我不是討厭酒，不過太濃了。」陳成偉胃口一下消失無遺，但又不願掃美娜的興，硬是裝著很起勁地吃，但是決定不再去碰那雞酒和呀必。

‧‧‧‧‧‧‧‧

星期天的中午，美娜到車站接母親，見到呀呀，美娜很興奮，在巴士上母女倆高興地聊天說話，不管公車上旁人的異樣眼光。

「弟弟現在怎麼樣了？」美娜問呀呀。

「去年畢業後，叫他去讀農校不肯，呀發叫他去學修機車也不願意，現在到平地去跟卡車搬貨了，半年難得回來一次。」

「那山裡的杉木和香菇呢？」

「唉！說到杉木和香菇就會累死人哦，現在呀呀一個人實在沒辦法做那麼多事，我的腳沾了露水就酸痛，一個星期只能上山去看一次，草拔也拔不光，杉木全長不出來，上次打的香菇又全死了……那魯發加，眞會累死人喔！」

美娜心裡的興奮一下被沖淡：「呀發的身體還好吧？」

「還不是一樣，整天躺在床上，什麼事也不做。」

「不能怪呀發……」一陣酸楚鑽進美娜鼻頭：「呀發身體不好。」

「沙斐！」呀呀摸摸美娜肚子：「有沒有了？」

美娜搖搖頭：「成偉他不肯，說要等明年才……」

「那魯發加！結婚就是要生孩子，爲什麼還要等？」老山地女人叫著。

「我也不知道。」美娜望著車外逝去的街景，嘆了口氣：「我也很想要，日子常覺得好無聊……。」

到了家裡，美娜的母親一踏進門就問：「沙斐，成偉不在家呀？」

「他說有些事情，會晚一點回來。」

「哦……」美娜母親停了一下：「去幫呀呀買瓶米酒。」

「呀呀！」美娜皺起眉頭。

「沒關係啦，好久沒喝了，只喝一點點，」老山地女人懇求著：「只喝一點點。」

……

開學後，似乎每個人都知道陳成偉有了泰雅族女朋友。一六三、長頭髮、大眼睛，陳成偉成爲系上談論的焦點，「叭涷」也代替了他的名字，好久好久，這份喜悅一直籠罩著陳成偉。

春假時，陳成偉帶班上三位男同學一起到山裡，陳成偉是爲了看美娜，其他人則是爲了要看風景和山地姑娘。

接到陳成偉的信時，美鄉興奮得整天唱著歌，當天一早就在產業道路等著，平常沙塵飛揚的林廠車一下子變得可愛。

～林廠車載走了杉木
林廠車載來我的愛
林廠車載來幸福和快樂

林廠車喲
穿過山洞經過小溪
等著你來喲……

美娜愉快地一直唱著，接近中午時，陳成偉才出現，帶著三個陌生人，還有一大袋的烤肉。

美娜把大家帶到瀑布下烤肉，另外再找了兩個女孩，天氣雖然陰霾，但是大家的興緻未減，談笑唱歌。美娜緊坐在陳成偉身旁，三個男孩子則忙著和另兩位女孩學山地話。

也許是談笑聲的喧嚷，也許是肉香飄溢的吸引，有一群約六、七個山地人也想湊熱鬧。

「嘿，不錯嘛！烤肉還有女生陪。」有人帶頭說。

陳成偉低聲問美娜：「他們是誰？」

「村裡的年輕人，別理他們。」

「沙婓！沙婓！」其中有人看到美娜：「小心妳的肉也被烤了。」

一群人哄然大笑。

「要你管！」美娜不甘示弱。

「沙婓，我們也有烤肉，跟我們去烤肉吧！」年輕人搖搖晃晃地：「別那麼無情嘛！」

陳成偉忍不住站起來：「對不起，假如各位願意，歡迎加入。」

「哼！有什麼了不起。」年輕人走近陳成偉：「你們平地人有什麼了不起，幹你娘咧。」

一陣強烈的酒臭鑽進鼻子，陳成偉不禁後退一步：「這位先生，請你客氣一點。」

「客氣什麼？幹你娘咧，你很了不起是不是？」年輕人推了一把，陳成偉不防，差點跌坐地上。

「你們幹什麼！」美娜急了。

「沙斐，跟我們走！」年輕人拉著美娜的手。

「等一下。」陳成偉站起來，把美娜拉住，對準年輕人的下巴用力揮了過去。

⋯⋯⋯

成偉回到家時，美娜的母親已醉得七葷八素，倒在長沙發上，腳上一雙大布鞋露出沙發外，美娜拿著抹布跪在地板上。

「美鄉，怎麼呀呀一來就喝醉了？」

「我叫她不要喝，她一直不聽。」美娜解釋著。

成偉跨過大布鞋，地板上一堆穢物。

「我的天，又吐了這一地。」成偉把公事包放到桌上，臉色陰沉：「唉！怎麼妳們山地人到那裡都喝酒。」

「……。」

「一喝酒不是隨地倒臥亂吐，就是惹事生非。」

「……。」美娜不曉得應該說什麼。

「眞搞不懂妳們爲什麼那麼喜歡喝酒。」

「並不是每個山地人都喜歡喝酒。」美娜小心地說。

「還說，我臉上這個疤是怎麼來的？」成偉聲音大起來：「還不是喝酒的混蛋山地人弄的。」

「對不起。」美娜聲音沙啞了。

「算了算了，也不能怪妳。」成偉似乎有點不忍。「還有，這一、兩天不要帶呀呀在附近逛。」

美娜望著成偉；山地人就不能見人嗎？話到了嘴邊又呑回去，眼淚卻不爭氣地溜出眼眶，美娜把頭低下，用力擰著抹布。

惹事的年輕人並不好受，鼻樑被陳成偉打得差點斷掉，雙方從衛生所一直鬧到分駐所，直到傍晚才達成和解。

「有些年輕人在外工作，一放假回來就容易喝酒鬧事。」臨走時，分駐所警員對陳成偉說：「但是最主要的是這些年輕人自卑感重，常會覺得不如平地人，所以對於來到這裡的平地人，尤其是年紀相近的，會比較不友善，以後如果碰上他們就儘量讓著點。」

走出分駐所，天色已暗，想下山也沒林廠車可搭，陳成偉和三個同學只好住進教堂。

……

晚上，陳成偉臉頰一直隱隱作痛，教會的吳神父拿了一顆阿斯匹靈給陳成偉。

「我早料到你還會上來，但沒想到你會受傷。」吳神父打趣著。

「我也沒想到。」陳成偉苦笑。

「是不是爲了沙斐？」

「您怎麼知道？」

「我在這裡已住了三十四年，村裡的事沒有我不知道的。」吳神父在陳成偉身旁坐下，低沉的聲音散發著．殷祥和：「沙斐是個好女孩，純眞乖巧，上次你回去後，常和我談起你，似乎很關心你，我想你一定也很喜歡她。」

陳成偉點點頭。

「嗯，不過兩個文化背景不同的人相處在一起，事情總是會複雜一點。在這裡我看著每一個孩子降臨、生長、悲泣、歡笑；看著他們走出村子，再看著他們回來，我深深了解他們需要什麼，假如你想接納沙斐，也許該準備付出更多的愛心和耐心。」

「這我知道。」陳成偉覺得老調。

「先別說得這麼肯定，年輕人，快樂和矛盾很難同時接納……」吳神父的聲音在教堂迴響著：「畢竟，山擋住了很多視線。」

……

美娜在鏡子前站了好久，來台北兩年，自己只買過一套衣服，其他都是成偉幫她買的，晚上的喜宴不曉得該穿哪一件？

「美娜，好了沒？」成偉催著她。

美娜隨手挑件百摺裙，再穿上紅色套頭毛線衣，成偉看了直搖頭說土氣，要美娜換上藍色旗袍。

穿上旗袍，美娜覺得呼吸困難，尤其穿上高跟鞋時，美娜感到整個人懸空無安全感。

「嗯，好看多了。」成偉看著穿上旗袍的美娜說：「妳的身材不穿旗袍太可惜了。」

美娜的母親在一旁看著，似乎很驕傲自己的女兒如此出色。

「呀呀，我們走了。」臨走美娜交代母親：「也許會晚點回來，如果肚子餓了，電鍋裡還有飯，滷菜放在冰箱裡，自己拿啊。」

走出門口，成偉掏出鑰匙，轉身把門鎖上。

「成偉，你幹什麼！」

「鎖門呀，免得妳媽跑出來。」

「你不能這樣，萬一有什麼事……」美娜伸手搶鑰匙。

「萬一什麼？」甩開美娜的手，成偉緊握著鑰匙：「如果妳呀呀跑出來喝點酒，再鬧點事，我怎麼向鄰居交代？」

「不會的，呀呀已向我保證不再喝酒。」美娜急得快哭了：「何況明天呀呀就要回去了。」

「我可不想冒這個險。」成偉收起了鑰匙，直接走出巷口招呼計程車。

看著成偉的背影，美娜深吸口氣，把眼眶的淚水擠回去，絕望地跟上成偉。

新郎是公司董事長的兒子，喜宴上成偉爲美娜介紹一個個陌生的面孔。

「這是內人，美娜。」成偉語氣堅定又帶著驕傲。

「好漂亮啊！」

面對這些讚嘆，美娜強堆起笑容，心裡惦記著留在家的呀呀。

「陳太大那裡人啊？」有人問。

成偉踢踢美娜的腳：「內人是……。」

「我是山地人。」美娜突然插斷成偉的話：「我爸爸是山東人，我媽媽是山地人，我從小就在山上長大。」

「眞的呀，哪一族？」

美娜不理會成偉的暗示，揚起頭：「泰雅！」

……

一下了車，美娜整個心狂跳著，原本堅定的意念，隨著人車的洶湧逐漸瓦解。

美娜有點後悔，也許不該欺騙呀呀是到宜蘭看三姊，雖然已寫信和三姊講好，但美娜仍覺得不安。走進地下道，差點摔了一跤，美娜抓著扶梯放慢步伐，感覺全世界似乎都在注視著她。

隨著人群走出了車站出口，美娜打電話給陳成偉，沒十分鐘，人就到了。

「美娜，你怎麼了？」陳成偉發覺美娜似乎鬱悶不樂。

「沒什麼。」美娜坐上摩托車：「我們去哪裡？」

「先帶你去故宮，中影文化城。」陳成偉發動摩托車：「晚上再聽場音樂會。」

也許想填補心裡的不安，美娜緊抱著陳成偉。

故宮並沒引起美娜多大的興趣，一大堆的陶瓷器和畫，看久就乏了，只有樓上的玉石雕刻，讓美娜愣了半天，怎麼可能會有那麼小巧漂亮的東西？

陳成偉看美娜出神的專注覺得很有意思，除了不太合適的穿著外，一切都顯得很完美。

晚上陳成偉帶美娜到一家百貨公司買了一套衣服，試穿後，陳成偉要美娜不必換回去，直接穿去聽音樂會，舊裙子就把它扔了，但是美娜堅持要留下。

音樂會並不如美娜想像中那麼有趣，除了國父紀念館的宏偉讓美娜開了眼界，台上交響樂團的演奏使美娜感到昏昏欲睡。

「怎麼演奏中就睡著了？」走出國父紀念館，陳成偉抱怨著：「旁邊的人都在看妳了。」

「我忍不住嘛。」美娜嬌腆地說。

「眞拿妳沒辦法。」陳成偉搖搖頭稅：「一張票要六百塊。」

六百塊？美娜睜大了眼睛，六百塊可以買一斤香菇了。「那魯發加，怎麼那麼貴？」

「外國樂團名氣大，演奏得又好，當然貴了。」

美娜想起一件事：「結束的時候，你在喊什麼？」

「安可。」

「安可是什麼意思？」

「就是再來一曲。」

「爲什麼？」

「撈本呀！」陳成偉笑著說：「一方面你不喊安可，人家會認爲你沒有水準，聽不懂。」

「那下次我也要喊囉。」

⋯⋯⋯

「美娜，妳是什麼意思？」一進門，成偉就問。

美娜不作聲，把皮包丟上沙發，逕自走進臥房，呀呀已經睡著了。

「我問妳話，妳聽到沒有？」

「能不能小聲點，呀呀已經睡了。」

「好，我問妳，爲什麼妳非說是山地人不可？」

美娜走出臥房，長久的刺激累積成今天的衝動，何必解釋？

美娜坐上沙發，聽著成偉的責問，腦子浮起舊日景象。

「想出風頭也不是這種方法，引起大家和妳學山地話才痛快是不是？」

——妳有沒有空？教我山地話，我很想學。

「以前就和妳講過幾次，我不喜歡別人異樣的眼光，這裡不同於山地。」

——美娜，妳以後想不想到平地去？

「尤其妳的呀呀，除了給我添麻煩以外，還會做什麼？」

——沒關係，沒關係，別把我當外人。

「眞是的，還以爲當山地人很了不起……」

——你們平地人有什麼了不起，幹你娘咧。

「美娜，我說話妳到底有沒有在聽？」

美娜緩緩抬起頭：「假如說完了，我想去睡覺了。」

話還沒講完，美娜感到一陣暈眩，臉頰重重地印上了五個指印。

……

婚禮在村裡的教堂舉行，全村的人幾乎都到了，吳神父爲這一對年輕人證婚祝福。

美娜戴著頭紗，腳步輕緩，白色禮服把美娜高䠷的身影烘托得更亮麗，每個人都談論著美娜。

——沙斐眞幸運哦，能嫁給大學生。

——不過聽說新郎只給沙斐的呀呀五萬塊聘金。

——那魯發加！眞的啊？我女兒沒沙斐那麼漂亮，但也收了二十萬。

——其實也沒關係，新郎那麼年輕又是大學生，那像妳女兒嫁了老頭子，到現在都還沒半個孩子。

——嘻……就是嘛，都已三年了，說不定還是處女喔！

——別亂講，是我女兒不想要孩子。

——算了吧，誰不知道，等老頭子死了，妳女兒再嫁一次，又可賺上好幾萬，夠你喝一年米酒囉！

——哼！我女兒才不會像妳，換了三個丈夫還想結婚，跟懷春的母狗一樣。

——你說什麼！

——那魯發加，別吵了，神父都聽到你們講話了。

……

美娜挽著成偉的手，感覺到從未有過的驕傲和幸福，沒想到成偉會這麼快決定結婚，也沒想到成偉會建議在村子的教堂舉行婚禮。

……

十八路公車停在平交道前，一列火車緩緩駛過。

美娜不曉得是否該下車，送走呀呀之後，彷彿失落了什麼，日子變得渾渾噩疆，禁不住待在房裡的沉悶，美娜決定出來走走，但是到了台北已兩年，仍摸不清東南西北。

車子轉過中華路，美娜跟著人潮下車，跟著人潮上天橋，世界一下變得擁擠，走過的步伐馬上被人踐踏而過，而橋下沒有溪流，沒有魚蝦，只有滾滾而過的鐵皮輪子。

美娜走下天橋，漫無目的地走著，經過昆明街，繞過峨嵋街，百貨公司和電影街，美娜不禁皺皺眉頭，爲何世界如此陌生？美娜加快腳步，決定不再等待。

……

成偉：

我走了，今天我才知道我不屬於你的世界，我仍是山的孩子。也許你還記得一首歌：

木薩薩古　加浪麻故米達呀呀木

米達呀發木　米達呀記木

木薩薩古　加浪麻故米達優達木

木薩米達那哈

……

你曾問我這首歌在唱什麼，我一直沒告訴你，其實只要用心去聽，就可以了解

這首歌的意思：

我要回家鄉看我的媽媽

看我的爸爸　看我的祖母

我要回家鄉看我的祖父

我要去看他們

……

以前唱這首歌只是覺得好聽，但經過這兩年，越發覺得想要唱。我是山地人，不管走到哪裡都不會改變這個身分。成偉，假如你願意接納我，爲什麼不能接納這個事實？

呀呀回去之後，我白天惦記著、夢裡也惦記著山裡的杉木和香菇，呀呀的腳已有了風濕，呀發行動又不方便，山裡的杉木需要我，呀呀和呀發也需要我。

已經好久沒有看雲彩爲山穿上衣裳了，不用來找我。

美娜

刊於《台灣日報》副刊民國七十三年二月二十六～二十七日

回家鄉（泰雅族）

1=^{b}E $\frac{4}{4}$

詞曲：佚名

製譜：許良榮

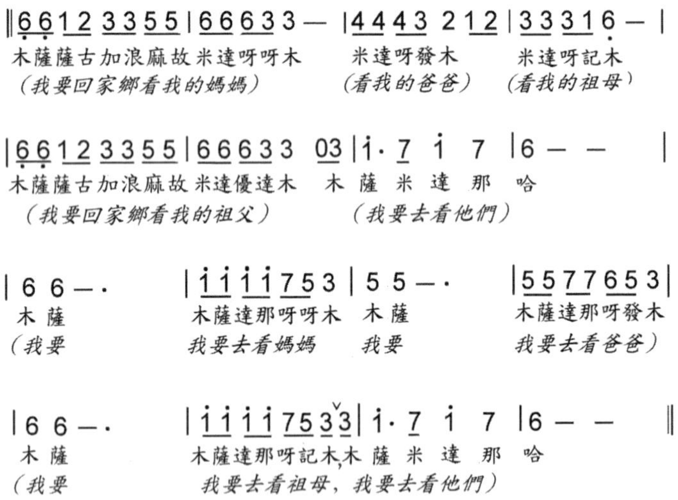
木薩薩古加浪麻故米達呀呀木 米達呀發木 米達呀記木
（我要回家鄉看我的媽媽）（看我的爸爸）（看我的祖母）
木薩薩古加浪麻故米達優達木 木 薩 米 達 那 哈
（我要回家鄉看我的祖父）（我要去看他們）
木 薩 木薩達那呀呀木 木 薩 木薩達那呀發木
（我要 我要去看媽媽 我要 我要去看爸爸）
木 薩 木薩達那呀記木，木 薩 米 達 那 哈
（我要 我要去看祖母，我要去看他們）

掃描QRCode聆聽

三 另一種愛——我們常生活在愛中自建矛盾而不自知

火車過了新竹，天已大亮，文龍挪挪身子，一針痠痛自腳底傳來。爸媽對面坐著，晨光透過滿是灰塵的窗戶照亮在二老臉上，文龍輕輕挪開腳，讓血液均勻流過，爸媽仍熟睡著。

台北，就快到台北了，文龍望著窗外倒退的高壓電桿，想到迎接他的是四年的大學生涯，心裡就一陣興奮，好久前就盼望能過獨立的生活，無拘無束，愛到哪兒就到哪兒。只要在家，這些都不可能存在，在爸媽眼中，他永遠只是需要照顧的小孩子。爸爸擔心他書會唸不好，而媽媽永遠只會說不要和不相識的人去遠地方，放學後要馬上回家。文龍知道爸媽是關心他，但是總該相信他能「獨立思考」，可以不用處處依賴他們。

上台北前，爸媽說要一起北上，文龍就偷偷和大姊說不要，都十九、二十了，還要父母陪著註冊，像什麼話？大姊說爸媽不放心，就讓他們一起去，好安心點。文龍氣著說我又不是小嬰兒，一天跟到晚，要跟到什麼時候？說著說著大姊就哭了。唉！大姊眼淚也眞多，有次爸爸搬魚貨不小心閃了腰，大姊也哭了，眞是受不了她。倒是聯考放榜那天，大姊抱著他又親又摟的，讓文龍臉都紅了。

儘管把大姊說哭了，文龍還是不敢和爸爸提一個字，從小就對爸爸的冷峻和嚴苛有著畏懼感，記得小學五年級有次逃學看漫畫書，被導師逮個正著，爸爸知道後，什麼話也沒說，拿了夾木炭的鐵皮鋏子，把文龍吊起來，狠狠鞭了十幾下，要不是媽媽哭著幫文龍告饒，文龍一定會昏死過去。結果逃學兩天，接著請病假三天，到現在文龍仍隱約記得爸爸那脹紅的臉，和手中歪曲的鐵皮鋏子。誰說爸媽會捨不得打獨子？文龍想，我就不差點被打死？

大概是大姊暗地和爸爸講了，前天下午收完攤位魚貨後，爸爸漫不經心地說：「和你媽到台北只是看看你宿舍在那兒，設備好不好，需不需要買草席、臉盆什麼的，一安頓好，和你媽就回家，不會跟著你去排隊註冊……。」文龍聽了，一句話也沒吭，爸爸的決定，誰也無法改變。

到台北時，已是上午八點，文龍先到行李託運處拿了棉被，和爸媽坐計程車到學校。經過介壽路時，文龍指著窗外：「你們看，那就是總統府！」以前只有在電視上看過總統府，現在光溜溜地從眼前閃過，嘿，這就是台北！爸媽跟來也是對的，可以開開眼界。高雄雖然也是個大城市，但總沒有台北那樣光鮮亮麗，文龍一夜坐車的疲累，不禁被這新鮮城市代表的活力一掃而光，一個新奇的世界正等著他去摸索。

宿舍比文龍想像中的還大，起碼可住幾百個人。把行李放進寢室，和爸媽到地下室百貨店買了臉盆、拖鞋等日用品之後，文龍和爸媽到交誼廳，喝著飲料看著來往的人，爸媽一直很安靜，文龍也不曉得要說什麼，兀自玩著鋁箔盒，心裡早急著去校園走走。

「文龍，我看你進寢室休息好了。」終於爸爸開口。

「那，你們呢？」

「我們也該回去了。」

「喔！」文龍仍玩著鋁箔盒。

「那我們走了……。」爸爸背起唯一的旅行袋：「以後什麼事都自己多留意點。」

走到宿舍門口，媽媽眼眶紅了，叮嚀文龍要自己注意身體，要常打電話回家，講沒幾句，眼淚就掉了下來，文龍覺得一陣尷尬，這麼多人怎就哭了。「媽，我知道啦，您不要擔心。」

——喂，我是文龍。

——嗯……

——大姊的信，我收到了，說您最近身體不好？

——沒什麼，只是腰痛。

——……家裡生意好嗎？

——和以前一樣，只是冬天快到了，魚貨比較難賣……

——喔，若難賣就休息幾天。

——家裡的事情你不要擔心，注意把書讀好就好了。

——我知道……。

——錢夠不夠用？

——夠，夠用。

說好每個月寄二千塊，但是文龍每次收到匯票總在三千塊左右，加上公費一千塊，綽綽有餘了。文龍知道爸爸的脾氣也不曾問過，每次爸爸總喜歡說：「該用的用，該吃的吃。」尤其上台北前一陣子，文龍總會反覆聽上好幾次，好像他會捨不得花錢去吃一碗牛肉麵似的。其實文龍覺得自己用錢還蠻凶的，每個月月底一到，口袋常是分文不存，四千塊怎會那麼不經用？文龍自己也感到奇怪，還以爲可以存點錢買吉他和錄音機，但是看情形是甭想了。

第二個月，文龍找了一個家教，一星期兩次，一個月一千五，夠買一台隨身聽了，文龍沒告訴爸爸找了家教，他一再叮嚀要用心唸書，不要找什麼家教、參加什麼社團，但是文龍一開學就參加了管樂隊，現在又找了家教，文龍知道爸爸只是擔心他拿不到畢業文憑，眞是窮緊張，文龍心裡很清楚，要畢業還不簡單。

其實說來也不能怪爸爸緊張，大學聯考第一年還不是連邊都沒摸著，二百分都不到，弄得爸爸臉都綠了。那一年文龍早知道頂多也只能考個私立大學陪榜系，他才不願讀私立大學，乾脆亂塗，英文全選C，數學全寫D。第二年到補習班狠狠K了一年，果然上了國立大學。爸爸高興得帶著他四處拜訪親友，說是要去台北讀書了，來和長輩辭個行。哼！誰不知道爸爸是在炫耀他有個讀國立大學的兒子，文龍想來就覺得好笑。

有了家教，生活頓時顯得緊湊，加上管樂隊每週兩次的例行練習，一星期只剩三個晚上可以讀書，但是文龍覺得很踏實。尤其第一次領到家教費時，高興得差點跳起來，爸爸每天從早到晚了不起賺個七、八百塊，算起來鐘點費還不到一百塊，而家教的鐘點費少說也有兩百，是爸爸的兩倍了，賺錢並不如想像中的難。記憶中爸爸已不知換過多少工作，賣過多少東西了，一生像是只為了賺錢而忙碌著。有時文龍會想幫爸爸的忙，例如：扛糖袋子、搬魚箱之類的工作，但每次爸爸總是說：「小孩子讀你的書！沒你的事。」漸漸地，每當爸爸在忙時，文龍就不再吭聲，後來乾脆躲起來看書或睡覺，反正爸爸不要他插手。

領了家教費，文龍躊躇了半晌，不知道該先買吉他還是錄音機，後來聽了同學建議，先到中華路買了一千二的隨身聽和二卷西洋歌曲錄音帶。晚上，文龍戴著耳機躺在床上想著：以後再多找個家教，到時和爸爸說不用寄錢來，他已經長大了！

不過再多兼家教的話，勢必要放棄管樂隊，文龍有點捨不得。在高中軍樂隊時，文龍就學過法國號，那時還不怎喜歡，一點都不拉風，到了大學反而盼望每週兩次的練習，文龍暗自歡喜，也許是那個音樂系主修法國號女孩的吸引吧！每次練習，文龍喜歡藉故問她一些問題，如泛音、調性、指法等等，她總是笑咪咪地回答，左臉頰還帶著細細的酒窩，她一笑，文龍就越喜歡找話問她，有時文龍不禁會想，要是能有她當女朋友多好！

——喂，我是文龍。

——文龍啊，學校考試了吧？

——期中考剛考完。

——考得怎樣？

——嗯……還不錯。

——台北會不會冷？

——還不會。

——你媽交代，天氣若是冷，自己要注意添衣服。

——我知道啦。

——放假有空就回家，若功課忙……就不用回來，你自己看看。

——好，我知道。

——還有錢用沒？

——有啦。

第一次參加舞會，是期中考後管樂隊在指揮家裡辦的，文龍沒跳過舞，事前向系上的學長惡補了一個下午，除了快的跳不來，兩步和三步的倒容易學。但是到了晚上，文龍一下忘了是左一右二，還是左二右一，看了半天，還是沒敢下去跳。後來音樂系那女孩主動來找文龍，文龍搖搖頭說不會。「不會就要學啊！」她也不管文龍願不願意，拉著他就到舞池，還好燈光不亮，不然文龍的耳根早都紅了。

說來文龍應該玩得很愉快，和她連跳了三支舞，溫溫熱熱地，還有雞尾酒、小點心，但是文龍從踏進指揮的家開始，就覺得心裡隱隱作痛，也許是那些壁飾、吊燈、小吧台，還有指揮的書房、木製仿古書櫃和地毯吧！文龍想到自己只擺了一席榻榻米的房間，跳舞時的那分溫熱，一下就消失無遺。

文龍的房間是爸爸用三合板和大姊的房間隔開，書架是用萬能角鋼拼成，用不到半年就已扭曲變形，高二時，爸爸說要換個木皮玻璃書櫥，但是盼到高中畢業還是沒下落，現在仍是任它彎拱塌陷著。從小就盼望自己能有個像樣的房間，心情不好時，可以在門上掛著「請勿打擾」的牌子，還有彈簧床邊擺一套落地音響。文龍知道那是天方夜譚，從小學一年級家裡就開了雜貨店，一樓堆滿了貨品，樓上是他和大姊房間，爸媽就睡「半樓仔」。每次搬家第一件事就是打「半樓仔」，在牆上挖幾個洞，撐上木頭再鋪上木板就成了，人站上去都得彎腰。文龍搞不懂爸爸為什麼開雜貨店，賣雜貨能賺得了多少？而且又麻煩。文龍有次算了一下，一包菸扣掉火柴賺個五毛，看場電影要賣三百包才行，一斤糖了不起賺一塊，買條牛仔褲至少要賣六百斤糖，想了就洩氣，難怪每次總是住像鴿子籠的房子，假如能有像指揮他家的一半就好了。

記得有次學校校慶後，班上五個同學到家裡玩，文龍帶他們到樓上，在他房間裡，大家都站著，媽媽煮了麵送到樓上，雖然同學都很客氣地說不好意思讓伯母招待了，又誇麵煮得好吃，但是文龍看著同學個個冒著汗吃麵，暗自就決定，下次打死也不會帶同學到家裡來！

舞會過後第二個星期，管樂隊辦慶生會，這次是在音樂系那女孩的家，事前她特地照會文龍一定要到，因爲那天是她的生日。文龍特地到三商買了一個銅製法國號模型，拿到五金店刻了幾個字：「送妳音樂，送妳喜悅，祝生日快樂」。但是一踏進她家，文龍手中的禮物差點滑掉，那熟悉的無奈感一下子又襲上心頭，地毯、冷氣、酒櫥、木雕書櫃和沙發。

文龍盡力掩飾心裡的激盪，回到宿舍後，腦袋一下混亂。是不是該向她表白？雖然她表現得蠻親近的，也一直對文龍很熱絡，但是今晚文龍突然覺得她離他好遠，那是一道難以攀越的障礙。文龍反覆想著：假如她看過我的家，會做何想法？假如和他在一起，她會願意適應嗎？如何調整生活方式？

一夜難眠。

——喂，我是文龍。

——文龍啊？怎麼好久沒打電話回來。

——學校功課忙……

——棉被夠用吧？

——夠了……爸，明天我不能回家；元旦後就有考試。

——……

——爸，明天我們班上幾個同學要一起去查資料……有篇報告馬上要交了。

——不要緊，若沒閒不用回來。

——喔！

——錢夠不夠用？

——夠，夠用。

元日三天假期，文龍自己一個人到花蓮玩了兩天，另一天是泡在咖啡館裡，文龍越來越喜歡咖啡館那清靜恬雅的氣氛，看看小說、寫寫字，一天很容易就過去了。

好久文龍沒再去找那音樂系女孩，到過她家後，就很少和她講話，在路上碰見也只打個招呼，不然就說有急事先走，就連管樂隊期末演奏會前的兩天集訓也是一樣，一練習完，文龍收起法國號就匆忙離開，不像以前會故意拖延一下，幫她收譜架。文龍明白他們的差距，那是跨不過的鴻溝，如果喜歡她可以算是愛，那也只能是沉默的愛，這種愛他無法坦白地說出口。

「李文龍！」第二天練習完，她叫住他。「你最近怎麼搞的，心神不寧，第一樂章都吹不好？」

「沒……沒什麼。」

「你今天別想溜，明天就要演出了，」她拉住文龍。「這段 solo 再合一次。」

文龍坐下來，那細長的酒窩仍叫他悸動。

演奏會當晚，在後台準備演出時，文龍沒想到大姊和媽會出現，文龍一下慌了手腳，把大姊和媽帶到樓上後座。

「怎麼會上台北來？」

「你大姊的公司辦旅遊，你爸爸叫我出來玩玩，也好順道看看你。」媽笑著說，摸摸文龍的臉：「你……好像瘦了。」

「沒有啦。」文龍拿開媽媽的手，旁邊那麼多人。

大姊在一旁說：「剛剛到宿舍找你，才知道你在這兒。」

「嗯！」文龍應著。「什麼時候離開台北？」

「明天去六福村和石門水庫，在台北只住一晚。」大姊說。

「你們是演……演什麼會？」媽媽問。

「演奏會啦。」

「是做什麼？」

「是……；我也不會講。」文龍看看四周；「等下看了就如道。」

媽媽轉頭和大姊說；「妳看，阿龍是不是瘦了……還說沒有。」

「媽！」文龍頓了一下，說：「晚上我不能陪妳們，演奏完要收東西、換衣服，還有我們同學說好要一起去吃冰。」

「不……不要緊，和你大姊等下就回旅社。」

文龍看看錶，拉拉袖子和蝴蝶結。

「你要是忙，先下去。」媽媽說：「我們自己在這裡坐不要緊。」

「喔，那我下去了……」文龍站起來；「對了，演奏中不要出聲音喔！」

「好！」媽媽說完，推推大姊，大姊從皮包拿出一小疊紙鈔。「這是爸爸交代要給你，怕你不夠用。」

文龍推辭了一下，但還是收了。回到後台，有人問是誰來了，文龍支支吾吾：「我……媽和姊姊。」聲音小小地。

到了中場休息，文龍看看樓上，鬆了口氣，還好走了。

唉，來台北也不穿像樣點，大姊還是那套百褶裙，而媽媽的頭髮也該梳一梳了。

——喂，我是文龍。

——文龍，我是大姊，考試完了沒？

——明天還有兩科。大姊，爸爸呢？

——明天考完；趕快回家。

——怎麼回事？考完我學校還有一點事。

——不要問！

——……

——文龍，明天考完……拜託你趕快回來……

——……好吧。

期末考那一陣子，心情低沉鬱悶，文龍感到人生只不過是一團悲哀，有人一生下來就圍繞著幸運，有人卻永遠無法揮去無奈，文龍了解自己所背負的矛盾，世界已全定了型，有的只是難以捻消的無力感。考完期末考，文龍在台北多待了一天，看電影、喝咖啡、看書、聽音樂。

第二天，宿舍的人幾乎走光了，文龍才背起行李離開台北。四個月了，家不會有改變，爸爸一定還是每天忙著賺錢，買魚、殺魚、賣魚，滿屋的魚腥加媽媽的披頭散髮，爲何那份歸屬在我身上？踏上國光號時，文龍深深嘆了氣。

回到高雄是下午兩點，文龍整個心懸浮著，這個時間爸媽應該坐在攤子上打瞌睡，回家也沒事做，而且大姊一向愛哭，了不起爸爸又閃了腰。

文龍走到百貨公司，從一樓慢慢逛著，看著專櫃小姐，看著玻璃櫥內的領帶、口紅，文龍不曉得自己在找尋什麼？走到彈珠檯前，坐了下來，把銅板一個一個地丟進去……。

夜晚來臨，文龍拖著一身疲累走出百貨公司，招了計程車回家，但回到家發覺門都上了鎖，鄰居吳太太拿了一張字條給文龍。

——文龍：

速到高雄醫學院，二〇八病房。

彈珠檯的叮噹聲一下在腦子轟然響起，不會有事吧？爸爸身體一向不錯，不可能有什麼大病，不可能，不然大姊在電話怎會不說？一定又閃了腰。

——司機，快一點！

眞該死，怎不說清楚，不然昨天就可以到家了。媽媽一定也在病房，會不會是媽媽？不會不會，媽媽一向只待在家裡，難得往外跑，一定是爸爸沒錯，是爸爸……。

推開病房，大姊和媽媽跪在病床旁，頭深埋在床單裡，肩膀激烈抽動著，是爸爸沒錯。

文龍一下癱在椅上，耳際仍響著叮噹聲……。

——……那天雨大，叫你爸不要去載魚……他偏要去，結果……一輛卡車從你爸後面……。

——爸爸昏迷了兩天……，醒來時，交代不要讓你知道……怕你考試受影響。

——還以爲爸爸會好起來……誰知道…下午就走了，臨去時……一直叫著你……。

那一段日子，文龍無法讓自己平靜下來，事情發生得太突然，如果早知道，他會趕回家；如果早知道，他不會去打彈珠檯；如果早知道……，爸爸臨終的夢魘不會每晚纏繞著他。

爸爸過世後，家裡的生意全收了，大姊上班，媽媽一個人根本載不動一箱箱笨重的魚，喪事還是大伯幫忙辦完，否則文龍根本摸不著頭緒。那天大伯把文龍叫到樓上，和他說：「以後這個家就靠你了，好好孝順你媽媽，但是大學還是要讀畢業，我們幾個兄弟裡只有你爸有讀大學的兒子，有困難，大伯也要幫你讀到畢業，所以家裡的事，你不要掛心，好好把書唸好……。」文龍點點頭，大伯和爸爸的口氣完全一樣。

一晚，媽媽把文龍叫到「半樓仔」，從衣櫥抽屜拿出一個漆黑的盒子。

「阿龍，這是你爸爸留給你的，」媽媽把盒子推到文龍前面，臉龐又添了幾分削瘦。「……你爸一直不讓我知道裡面是什麼……只說是以後要留給你的，我也不識字，你自己看。」

文龍打開盒子，是存摺和房契，戶名：李文龍。

「你爸爸沒福氣，一輩子做牛做馬，就盼著你大學畢業好結婚抱孫，沒想到……。」媽媽聲音沙啞著。

文龍兩手不禁顫抖，存摺最後一行是七位數。原來這麼多年來，父親把對他的愛，全都轉化爲存摺中的數字。

「……阿龍，要爲你爸爭口氣，大學讀畢業找個正當事做，不要像我和你爸書讀不多，辛苦一輩子……。」

文龍心裡一陣刺痛，抱住母親。「媽，別哭，別哭……。」第一次把媽媽抱在懷裡，撫平媽媽的散髮，感覺竟是如此纖弱。老天，請原諒我。

走下「半樓仔」，大姊正拿著冥紙點火。

「姊，讓我來。」

文龍接過冥紙，跪在爸爸靈位前，劃亮火柴，點燃冥紙，再也按捺不住，看著冥紙一張一張燒，淚水汩汩而下。

——爸！有錢用沒？

國立交通大學文學獎（現爲「藍花楹創作獎」）小說組佳作（民國七十四年）

博雅文庫 287

把人生翻個倍——從留級生到大學教授

作　　者　許良榮
編輯主編　黃文瓊
責任編輯　李敏華
封面設計　封怡彤
出 版 者　五南圖書出版股份有限公司
發 行 人　楊榮川
總 經 理　楊士清
總 編 輯　楊秀麗
地　　址　106臺北市和平東路二段339號4F
電　　話　（02）2705-5066
傳　　真　（02）2709-4875
劃撥帳號　01068953
戶　　名　五南圖書出版股份有限公司
網　　址　https://www.wunan.com.tw/
電子郵件　wunan@wunan.com.tw
法律顧問　林勝安律師
出版日期　2025年 3 月初版一刷
定　　價　新臺幣350元

國家圖書館出版品預行編目資料

把人生翻個倍：從留級生到大學教授／許良榮著. -- 初版. -- 臺北市：五南圖書出版股份有限公司, 2025.03
面；　公分. --（博雅文庫；287）
ISBN 978-626-423-030-8(平裝)

1.CST: 許良榮　2.CST: 自傳

783.3886　　113019124